乡村振兴背景下
农民工返乡创业问题研究

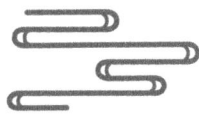

吕慧明　刘克春　著

中国文联出版社

图书在版编目（CIP）数据

乡村振兴背景下农民工返乡创业问题研究 / 吕慧明，
刘克春著. -- 北京：中国文联出版社，2024. 7.
ISBN 978-7-5190-5560-8

Ⅰ. F249.214；D669.2

中国国家版本馆CIP数据核字第2024AT3318号

著　　者　吕慧明　刘克春
责任编辑　周　欣
责任校对　秀点校对
装帧设计　研杰星空

出版发行　中国文联出版社有限公司
社　　址　北京市朝阳区农展馆南里10号　　邮编　100125
电　　话　010-85923025（发行部）　　　010-85923091（总编室）
经　　销　全国新华书店等
印　　刷　明玺印务（廊坊）有限公司

开　　本　710毫米×1000毫米　　1/16
印　　张　9.25
字　　数　153千字
版　　次　2024年7月第1版第1次印刷
定　　价　48.00元

前　言

当前，随着经济的发展和社会的转型，农民工返乡创业的现象逐渐成为一种趋势。乡村振兴战略的实施，为农民工返乡创业提供了重要的机遇和平台。农民工返乡创业不仅有助于推动农村经济的发展，还有助于实现城乡协调发展，促进社会和谐稳定。

本研究旨在深入探讨乡村振兴背景下农民工返乡创业的现状、问题与对策。通过对农民工返乡创业的理论基础、发展历程、影响因素和发生机制等方面的研究，为政府和社会各界提供有益的政策建议和实践指导。

农民工返乡创业是中国经济发展中的重要现象，其产生和发展受到多种因素的影响。在乡村振兴战略的推动下，农民工返乡创业将迎来更多的机遇和挑战。通过深入研究和分析农民工返乡创业的现状、问题与对策，将有助于推动中国农村经济的发展，实现城乡协调发展，促进社会和谐稳定。

本书由景德镇学院吕慧明、江西财经大学刘克春联合撰写。

目 录

第一章　农民工返乡创业基础理论概述

第一节　创业理论形成与发展

一、创业理论的思想根源

西方就业理论是创业理论研究与实践的基础。因此，农民工返乡创业基础理论研究，需要从就业理论研究开始。

（一）就业理论发展简述

西方就业理论产生于 18 世纪中期，发展于 20 世纪 30 年代，时至今日就业理论已日趋成熟。

1. 传统就业理论

传统就业理论源于古典经济学。古典经济学的基础来源于英国经济学家亚当·斯密（Adam Smith）和大卫·李嘉图（David Ricardo）的观点，他们都赞同自由市场竞争。古典经济学派认为，看待市场应坚持一分为二的态度，肯定市场竞争的同时也应关注其中的危机和挑战。此学派认为，经济增长处于停滞不前时，市场将会出现普遍的贫困现象。由于政府在土地、人口等客观因素上能力有限，导致政府干预只能使市场现有情况变得更加不利。只有经历瘟疫、战争、饥荒等自然灾害之后使人口减少这种途径，才能使人类和自然达到平衡。所以，早期就业理论主要观点是就业应顺应市场自然规律变化而变化。这一时期的代表人物及主要观点：

（1）萨伊定律（也称作萨伊市场定律，Say's Law of Market），一种自 19 世纪初开始流行的经济思想。萨伊定律主要说明，经济一般不会发生任何生产过剩的危机，更不可能出现就业不足的现象。定律得名自 19 世纪的法国经济学家让·巴蒂斯特·萨伊（Jean-Baptiste Say），不过萨伊并非最早提出定律内容的人，真正提出相关概念的是英国的经济学家、历史学家詹姆斯·穆勒（James Mill）。19世纪末，由于古典经济学派提出的"普遍贫困和经济增长减速的预言"未能实现，致使这一理论遭到质疑。英国经济学家阿尔弗雷德·马歇尔（Alfred Marshall）根据当时的经济情况，结合数学方法需求分析和古典经济学的供给分析，将两者加以整合，创立了一个新的学派——新古典经济学派，提出以边际成本分析为中心的需求理论，加以生产成本分析为中心的供给理论，提出新的经济学体系——"供给总能产生需求"的"萨伊定律"。萨伊定律是传统西方就业理论的基石。该理论认为，大规模失业情况并不存在于经济社会运行中，劳动力生产供求不相称导致失业。随着劳动力供求的变化、工资可以自由涨落，再通过市场价格机制本身所具有的自发调节功能，将一切可以使用的劳动力资源都投入生产中，从而提高就业率，实现人员的充分就业，即"通过市场均衡自动实现充分就业"。传统就业理论认为，降低劳动力工资是解决失业问题的有效途径，反对政府干预经济，主张实行自由放任的市场经济是这一理论暗含的观念。所以，新古典经济学派将劳动力市场竞争的充分程度视为解决就业问题的关键。只有在没有被闲置或被浪费的资源存在时，均衡的市场才会出现，才能实现"充分就业"市场。

（2）经济周期波动论。总体经济活动随着经济增长总趋势而同步出现有规律的扩张和收缩，这种周期性的经济波动对就业会产生一定的影响。早期就业理论认为，就业周期的变换与经济周期的变换完全一致，并且假设劳动是一种可变要素，厂商可以随时根据产出水平调整劳动投入。

（3）熊彼特经济周期理论（经济学术语，以技术创新为基础研究经济周期运动的理论）。该理论的最大特点是强调创新活动对就业所起的重要作用。熊彼特认为，危机为企业改革扫清了障碍，新生企业应探索并引入创新技术和新型商业理论。因此，熊彼特对经济周期变换的认识不同于他以前以及与他同时代的一些经济学家。熊彼特认为，资本主义是通过竞争创新而不断地创造并破坏经济均衡结构，即创造性破坏过程，而创造性破坏会导致技术性的失业。

2. 就业、利息和货币通论

《就业、利息和货币通论》是英国经济学家约翰·梅纳德·凯恩斯创作的经济学著作（该书是现代西方经济崛起的原动力，标志着现代西方宏观经济学的产生），该书于 1929—1933 年爆发的世界性经济危机时产生，在这种经济大萧条的背景下，其观点是经济危机的爆发不能完全由有效需求来进行解释和推断，有效需求是总供给价格和总需求价格相等时处于均衡状态的总需求价格，也就是企业家的生产能获得最大利润时的总需求价格，社会的总就业量取决于总需求量。凯恩斯认为，自由市场制度导致经济危机的产生，而解决经济危机的有效途径就是通过国家以及政府的干预来纠正市场存在的缺陷。在这些理论的基础上，凯恩斯提出政府通过采取一系列的财政、货币政策用以增加公共开支、降低利息率来刺激消费，增加投资，提高有效需求，从而提高就业率，实现整个社会的充分就业。为了实现充分就业，凯恩斯认为，必须摒弃自由放任的经济政策，在市场经济发展模式中依靠国家干预能力。

3. 现代就业理论

凯恩斯主义（也称"凯恩斯主义经济学"）是建立在凯恩斯的著作《就业、利息和货币通论》的思想基础上的经济理论。在第二次世界大战以后被西方各主要资本主义国家普遍认可和接受，其政府干预的观点得以广泛推行，由此产生了具有鲜明的双重性结果：一方面，在一定时期、一定范围内这种政策主张确实对西方各资本主义国家的经济复苏和发展起到了积极的推动作用；另一方面，凯恩斯主义并没有从根本上消除资本主义社会固有的问题和矛盾，国家干预刺激生产的政策，为更严重的危机埋下隐患，到 20 世纪 70 年代，出现经济停滞、失业、通货膨胀三大难题并存的滞胀局面。凯恩斯主义对这种滞胀毫无裨益。在这样的环境下，为了解释并解决困扰资本主义经济发展的这一难题，学术界纷纷提出各种新的理论和学说，出现了流派林立的局面，这一时期的几大主要就业理论：

后凯恩斯主义（Post-Keynesianism）是关于凯恩斯的经济学。此理论先对劳动力市场作了许多探索性研究，然后重点研究各种类型的市场，从多个方面和多个角度分析"工资黏性"，由此推断出劳动力市场失业的必然性，并进一步验证政府干预具有稳定经济的作用，认为在市场经济条件下政府进行干预是必要的，有利于实现市场的充分就业。

货币主义失业理论。弗里德曼（Milton Friedman）提出的货币主义失业理论主要指自然失业率假说。其中，自然失业是指由于经济结构的优化更新和就业生命周期的长短变化而产生的劳动力流动以及某些摩擦性因素所造成的失业，它包括自愿失业和摩擦性失业两方面。因而，自然失业率可被理解为在实现充分就业时所产生的失业率。货币主义学派认为，朝着自然失业率的方向发展是劳动市场的运动趋势。为了将失业保持在自然失业率之下，只有通过加速通货膨胀这一途径而将失业保持在自然失业率之上。因此，货币主义学派认为，在短期内通过货币政策对减少失业起到一定作用的，针对长期情况这种作用就会失效。

发展经济学就业理论。此理论由刘易斯、拉尼斯、费景汉等在20世纪50年代发起，认为发展中国家所面临的经济发展困扰是由劳动力利用不充分所引起的。该学派的观点：农村和城市分割的二元劳动力市场是发展中国家的主要特征，二元体制下经常出现大量农村剩余劳动力在城市和农村之间流动的情况；社会利益两极方向分化主要是由城乡间二元结构、地区间发展差距的加大和贫富两极分化三者所引起的。经济发展的关键在于工业部门资本积累，而发展中国家的稀缺资源之一就是资本，所以要依靠工业和农业两部门间的平衡发展来解决就业问题。

20世纪90年代之后，由于技术的快速发展，西方各国的就业也出现了新特点，就业格局逐步朝高失业率方向发展，失业规模不断扩大、涉及范围广，结构性失业不断增加；伴随经济全球化发展，失业浪潮表现出明显的非周期性；西方经济学派就业理论探索工作仍在进行。

（二）经典就业理论模型

就业理论发展过程中，劳动力流动问题最具代表性的模型是刘易斯劳动力转移模型和哈里斯—托达罗人口流动模型。尽管这两个模型是不同时代背景提出的，但对于加快劳动力流动促进就业推动自主创业问题有着重要的借鉴价值。

1. 刘易斯劳动力转移模型

1954年，著名学者刘易斯在《曼彻斯特学报》上发表的《劳动力无限供给条件下的经济发展》一文中指出：广大发展中国家的经济分为"传统部门"和"现代部门"两种，传统部门的劳动生产率较低，人们的生活水平较差，甚至于最低，这一部门的代表是传统的农业生产部门，而现代部门的生产模式是采用现代化方法，这一部门的代表则是劳动生产率和收入都高于传统部门的城市工业部门。当农业生产部门中剩余劳动力的边际生产力为零或负值时，这部分剩余劳动力就处于就业不足或面临失业的状态。因此，他们会在具有高工资的城市工业部门的诱惑下，有选择地流向城市工业部门，提供劳动力给城市工业部门，是城市工业部门资本积累的源泉。刘易斯认为，如果农业生产部门中存在剩余劳动力，同时城市工业部门的现有工资水平保持不变，那么这些农业生产部门中的剩余劳动力将会被城市工业部门的高工资吸引过去；反之，如果农业生产部门不存在剩余劳动力，那么劳动力就会变成稀缺资源，非常紧张。此时，劳动力供求关系决定了工资的多少，此时长期以来的二元经济结构就会消失，发展中国家经济将会成功实现经济转型，走向一元经济结构。

图 1.1 是刘易斯劳动力转移模型。图 1.1 中，劳动由横轴 OL 表示，劳动的边际产品和工资由纵轴 OD 表示。传统农业生产部门的生存收入由 OA 表示，现代城市工业部门的现行工资水平由 OW 表示，劳动供给曲线由 WS 表示，是一条平行于横轴的水平线。此理论假定城市工业部门只使用资本 K 和劳动 L 两种要素，资本 K 是稀缺的，劳动力 L 是丰富的。由西方经济学的可变比例规律可知，每一笔固定的资本额，就有一条特定的劳动边际生产率曲线即劳动需求曲线 D(K) 与之相对应。图 1.1 中，假定现代城市工业部门最初资本量为 K_1，与之对应的劳动生产率曲线为 $D_1(K_1)$，随着资本积累的增加，劳动生产率曲线将向右移动到 $D_3(K_3)$ 等。

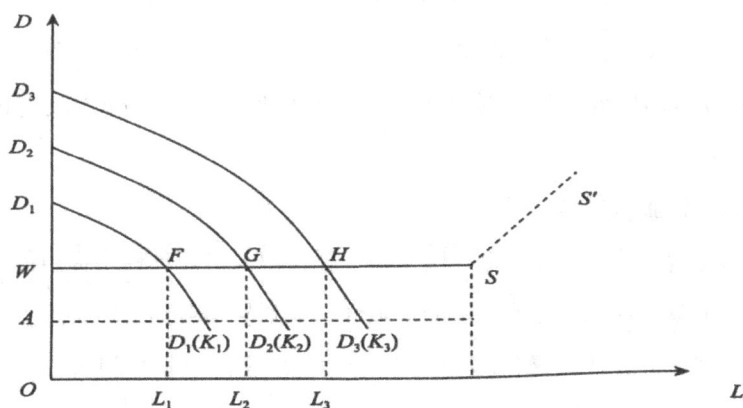

图1.1 刘易斯劳动力转移模型

刘易斯劳动力转移模型的主要贡献：城市工业部门的规模化是由资本积累开始的，其结果就是不断扩大城市工业部门的劳动需求量，所以就促使农业生产部门的剩余劳动力向城市工业部门转移。在经济不发达的发展中国家，只有将农村的剩余劳动力不断地转移到城市工业部门中，才能将二元经济结构转变为适合经济发展的一元经济结构。刘易斯的二元经济结构模型综合分析了经济增长过程、工业化进程以及人口迁移过程，探讨现代城市工业部门与传统农业生产部门之间的差异，分析了发展中国家剩余劳动力流动对经济增长的影响，为以后的研究开辟了一个新思路。

2. 哈里斯—托达罗人口流动模型

哈里斯—托达罗人口流动模型是建立在刘易斯的"人口流动模型"基础上，对发展中国家失业现象普遍存在事实提出的。托达罗认为，农民工在城市的失业状况不仅受城乡实际收入差距的影响，还取决于劳动者是否愿意迁入城市，当城乡实际收入差异很大、城市失业率还处于很高的水平时，农民是不会决定迁移到城市中去的。从对哈里斯—托达罗人口流动模型的分析得出，人口流动可以平衡城乡的预期收入，而且哈里斯—托达罗人口流动模型与传统的人口流动模型的主要差别就是强调预期。所以，此理论的主要目标就是缩小农村向城市的人口流动规模、减小人口流动速度，从而解决城市的失业问题。该理论认为，解决城市失业问题的根本出路是大力发展农村经济，更多地促进农村剩余劳动力就地转移。哈里斯 - 托达罗人口流动模型摆脱刘易斯孤立研究农村劳动力向城市转移的理论束缚，揭示了城乡劳动力转移经济动因，说明城乡平衡发展的重要性，托达罗关注发展中国家城市失业，主张缩小城乡收入分配差距，对发展农村经济的参考作用是值得肯定的。

3. 模型的借鉴与思考

尽管刘易斯劳动力转移模型、哈里斯—托达罗人口流动模型提出的时代背景不同，两种模型本身都存在着一定的局限性，如刘易斯劳动力转移模型的假设前提是城市的"充分就业"，研究内容不符合中国的实际国情，但可以从中得到一些经验和启发，未来中国农村劳动力发展应从以下3个方面来着手。

一是促进小城镇经济发展，为农村剩余劳动力就近转移提供条件。为了改变我国这种明显的二元性社会经济结构，根据刘易斯劳动力转移模型，当务之急应大力发展城市工业化，加速农村社会城镇化进程。由哈里斯—托达罗人口流动模型给我们的启示可以看出，中国的经济实力不强、国家的财力也受限于国情，所以应该大力发展小城镇经济，以此为城镇化发展的重点战略；从当前中国社会实际情况来看，我国农村劳动力文化素质较低、劳动技能竞争力不强、知识结构不完整，多数人只适合在小城镇就业。综合三者来看：促进农村剩余劳动力就近转移的有效途径是大力发展小城镇经济。其中，创业又是解决就近转移的重要手段。

二是推动农民人力资本的快速增长。通过对两大模型的深入分析得出：在短期技术水平一定的情况下，产业劳动生产率和产业竞争力直接受到劳动力这一生产要素的影响，主要体现在劳动力素质的高低及掌握生产技能的娴熟程度，而农民工由于素质较低，很少能够获得在城市正规部门就业的机会，只能在城市非正规部门就业。新时期的农民既是新农村建设的主力军，也是第二、三产业发展的推动力量，必须要加大农村人力资本的投入，形成增加农民人力资本的长效机制，提高农民就业竞争力。

三是推动农村剩余劳动力转移、消除劳动力流动的阻碍。转移剩余劳动力不仅可以使传统的农业生产部门和现代的城市工业部门合理整合，还可以使农业生产部门在优化劳动力的同时，加速城市工业部门的资本积累，从而促进国民经济的整体发展。据此所需要做的就是加快消除阻碍农村剩余劳动力转移的体制，只有从根本上废除歧视性的政策，才能有效降低农村劳动力就业门槛，加大进城的就业机会，有秩序地引导农村劳动力在城乡间的自由流动，逐步形成城乡经济社会发展一体化的新格局。

（三）创业与就业的关系探讨

早期经济学家认为失业能推动创业。经济学家弗兰克·H.奈特（Frank Hyneman Knight）1921年的就业状态相对收入理论认为，失业驱动着创业的个体行为，创业活动一定程度上促进就业并减少失业。奈特曾经在其名著《风险、不确定性和利润》中指出：个人的选择总是在失业、自雇、受雇这3种状态之间，而上述3种状态的相对价格（或相对收入）会影响这种个人的选择。1943年，奥克斯费尔迪特（Oxenfeldt）对奈特的观点进行了深入分析和拓展，认为人们在遭遇失业时往往感到受薪雇用的前景渺茫，就会通过自雇方式以谋取生计。奥克斯费尔迪特由此认为失业推动了自雇型创业。失业推动创业论的主要观点概括为：当自雇型创业逐渐增多时，就会从两个方面促进就业。一是创业者通过自主创业实现自我雇用，直接促进就业；二是在创业活动中需要其他劳动力，间接促进就业。可见，失业推动创业论是以就业状态相对收入理论为基础的，并且应用于新古典经济学标准的理性选择模型。

也有学者从"难民效应"假说和企业家效应假说入手分析就业与创业的关系。"难民效应"的观点认为，衰退或萧条时期失业率较高。所以，这个时期并不是一个良好的创业时期，人们在此期间不会进行积极创业。如果说失业促进创业，有效合理的推论应该是因生计所迫失业者不得不进行自雇型创业。加之他们常常是劳动力市场上的弱势群体，综合素质较差，也就预示着他们不具备企业家才能，仅仅是为了谋生养家才进行的自雇型创业。这些如同从劳动力市场上被排挤出来的"难民"一样被迫进行自雇型创业的人士，很难起到真正缓解社会失业压力的作用，并且对就业没有产生任何显著的效果，这就是"难民效应"（refugee effect）假说，表明由失业所促进的创业活动属于"难民"创业，不会对就业产生多大的带动作用；而与之相对的是"企业家"效应。时至今日，越来越多的学者意识到经济活动和以往的创业活动会拉动创业。在经济高涨时期，由于比较充足的资本，加之对投资充满信心，使那些期望成为企业家的人更容易获得信贷资金或风险投资，以此来突破财富的约束并实施创业活动。经济景气时期，容易产生乐观的预期，创业活动也会随之增加。此时，个人会主动选择去创业，而不是"难民效应"假说中所提到的被迫创业。因此，那些主动选择创业的创业者相对于被迫创业的创业者来说，更具有创办和经营企业的才能、素质和商业头脑，他们的创业行为也为经济带来更多的活力。

近20年来，西方发达国家尤其是西欧国家，政府和学术界都对创业与就业之间的关系高度重视，取得了不少值得关注的成果，普遍赞同创业能够带动就业的观点。在经济转型时期，为更好地解决我国的就业问题，应借鉴西方就业理论有益部分，同时对西方就业理论所存在的问题进行分析和解决，建立出一套完善的、适合我国基本国情的就业理论，以此来指导和治理中国失业问题。所以，西方国家对创业理论的研究和深化为中国研究者对创业与就业关系的理解、实施"以创业带动就业"等就业政策的提出起到了启示和借鉴作用。

二、创业理论的形成

创业理论研究开始于 18 世纪中期，到 20 世纪 80 年代得到迅速发展。创业作为推动经济增长和社会发展的重要手段，经济发展到一定程度能充分表现出活跃的一面，尤其是在推动就业、提高自主能力方面有着重要作用。近期创业研究起始于 20 世纪 80 年代末，2000 年后创业研究形成了基本的学科范式和理论框架，创业理论的形成往往以创业者研究相互交织在一起，具体内容如下：

（1）"创业"名词的提出。1732 年，法国著名经济学家理查德·康替龙（Richard Cantillon）在《商业概况》一书中首次提出"企业家"（entrepre-neur）这一名词。理查德·康替龙认为，企业家主要涵盖两个方面：一个国家或地区内，有一部分人处于交换和流通中介地位，这一部分人的收入经常是"不确定"的；他认为创业者就是那些自己愿意承担创建和维持一个企业风险的人，这里的风险主要指金融和经济风险。18 世纪的欧洲创业者更加说明了这一问题，创业者往往是风险的投资者。将风险和创业联系在一起是理查德·康替龙对创业定义的贡献，不论是当时还是现在，追求高利润回报的前提一定是创业者所承担的财政风险。

（2）创业理论的形成和发展。19 世纪是创业理论研究的多产时期，主要代表人物是法国经济学家吉恩·巴普蒂斯特·赛（Jean Baptiste Say），他提出"创业所得的利润与拥有资本而产生的利润是不同的、是相互独立的"。具体内容是企业家获取利润的途径不仅仅是依靠土地使自己充当流通与交换的中介者，同时也是靠自身的劳动去获取工资报酬。企业家应该具有一些独有的特征，通过这些特征获取收益。例如，在生产和分配流通过程中作为中介的商人，要熟悉其经营货物的性质、各地的价格行情、各国间的汇率、交通运输的路线、成本费用，甚至包括能辨别客户虚实以防上当受骗的可能等，而作为生产经营过程中的商人，则应具备敏锐的市场洞察力、专业的生产和管理知识、机敏的计算头脑等特性。

由此可以看出，吉恩·巴普蒂斯特·赛对创业理论的主要贡献在于系统地分析了创业者的特质，他认为能获得额外收入的一个非常重要的因素是创业者的特质，而正是这一理论从此开创了创业者特质研究的先河。

（3）创业理论的丰富。1890年，阿尔弗雷德·马歇尔（Alfred Marshall）在《经济学原理》一书中提出：创业者对市场经济的发展具有非常重要的作用，应该被单独视为一个特殊的阶层。在市场流通中，企业家是风险的承担者，其地位是介于买方和卖方中间。在对研究对象的观察中，马歇尔发现了一类类似于现在职场中的职业经理人的"企业家"，没有资本、受雇于资本家、运用其管理才能来获取工资收益是这部分特殊的"企业家"所共有的特点。马歇尔视这一类特殊的"企业家"为企业家的一个变异群体。

同样对创业理论的发展产生重要影响的还有学者奈特，他第一次清晰、准确地将"风险"和"不确定性"区别开来，并于1921年出版了《风险、不确定性和利润》（Risk Uncertainty and Profit）一书。他的观点是计算具有客观概率的"风险"是可行的，却无法计算"不确定性"。奈特继承并延伸了理查德·康替龙的创业理论，提出创业者获得经济收益正是承担了现实中的各种不确定性，而创业也并不仅仅是为了获得差价而从事低买高卖的这类活动。同时，奈特还详细研究了需要具备什么样的动机和特质才能成为一名成功的创业者。根据奈特的创业理念：通过承担现实中的不确定性就是一名创业者对社会所提供的贡献，创业者在自己负责的事情上需要作出决策，并保证各种生产要素的工资报酬。创业者在创业过程中要提供各种服务或各种工作报酬，这些服务和工作报酬既包括其所获得的声誉、名气以及对工作的满足感和幸福感，也包括利润和后续收入。

20世纪末，管理学大师彼得·德鲁克（Peter F. Drucker）对创业理论进行了进一步丰富和发展。他进一步丰富了创业的概念，认为企业家们对机会的认知以及采取的行动也是创业的表现。而且，德鲁克还提出："创业不仅仅是在有蓝图的情况下发生，也会作为对企业家如何看待未曾使用、未曾开发的机会的一种回应而产生。"

综上所述，学者对创业的研究集中在创业风险性上，创业者不但获取了创业的收入，同时也承担了相应的风险。创业者自身会具备多种特质和素质，正是由于创业者的某种特质和素质，才能更好地减少创业风险，从而把握住机会以获得收益，实现创业的成功。

三、创业理论的基本学派

随着创业理论的不断发展与完善，国外来自不同领域的众多学者们对创业理论提出了不同的见解，建立了不同的理论体系和学派。根据不同角度，将创业理论大体分为以下两种代表观点及学派：

（一）霍华德的观点

美国哈佛商学院创业研究领域教父霍华德·H.史蒂文森（Howard H. Stevenson）总结并归纳出了创业的3个学派，即经济功能学派、供应方学派和管理方法学派。

（1）经济功能学派。该学派的主要观点集中在经济范畴内的创业作用。法国的经济学家理查德·康替龙认为在创业的过程中，创业者应该能承担以一定的价格买入，但以不确定的价格出售的风险。吉恩·巴普蒂斯特·赛将创业的定义扩大，引进了生产要素的概念。奥地利经济学家约瑟夫·熊彼得（Joseph Alois Schumpeter）把创业的侧重点放在创新上：生产要素创新、产品创新、市场创新，甚至组织也要创新。创新引起市场的需求时，财富也被创造。

（2）供应方学派。供应方学派集中研究创业者的个人特征。其研究的主要目标是理解创业者的心理及其社会来源，并将其定义为创业的供应方。此学派认为创业者的一些共性，包括成就需要、自我控制力以及敢于承担风险。供应方学派的核心问题是：社会特性和心理对于创业的发展是否必要或足够。

（3）管理方法学派。管理方法学派认为，创业者应该不顾目前所拥有的资源，以追求创业计划为首要目标。创业行为特点：战略性导向、资源的投入、机会的承诺、资源的控制、组织管理和薪酬政策。

（二）理查德等人的观点

美国佛罗里达国际大学管理及国际商务系教授理查德·M.霍杰茨（Richard M.Hodgetts）和美国著名创业管理教授唐纳德·F.库拉特科（Donald F. Kuratko）把创业学派划分为以下四大学派：

（1）宏观学派。宏观学派认为，个别创业者无法控制外部过程或环境，是影响创业成功或失败的因素。这一学派细分为3个小学派：一是环境学派，此学派研究影响潜在创业者的外部因素。构建一种能够强烈影响创业者发展的社会政治环境框架。例如，自由的工作环境、鼓励开发创意等，都能促进个人把追求创业作为职业的愿望。二是财务 / 资本学派，财务 / 资本学派立足于创业融资的过程，从财务管理的角度研究创业的过程。三是取代学派，除非受到排挤或被禁止而无法从事其他活动，否则个人不愿意进行创业活动。该学派认为团体影响能消除某些因素，使个人有意愿进行创业活动。

（2）微观学派。研究创业内部可控制的因素，此学派认为创业者有能力控制、指导或者调整主要影响的结果。该学派研究对象是创业者的共同特征，如果创业者愿意学习和效仿已取得成功创业者所具有的共同特征，将会增加其取得成功的机会。例如，创业过程中所不可缺少的创造性、决断力、成就感和技术知识，如果具备这 4 个因素，就为成功创业打好了坚实的基础。另外，创业者应该同时具备对其所经营的事业了如指掌、能够预测生产和消费趋势、领导他人、驾驭局势的能力，而且还应该信赖他人，这些能力均可以在成功的创业者身上发现。

（3）创业机会学派。从"存在有进取心的个人"和"存在有利可图的机会"结合点角度研究创业，该学派集中研究创业机会，搜寻创业设想，形成创业概念、实施创业行为。创业机会学派的主要观点是：创造性和市场意识是绝对必要的，在适当的时机和市场的定位下构建适当的创业设想是个人成功完成创业的首要条件。创业机会学派的代表人物认为将"机会"与"个人"的创业影响混为一谈是不对的。他们还指出：从质量上而言，每个人对创业机会的认识是不一样的，忽视不了对于创业机会的评估。这种创业机会学派分别研讨了在创建新的企业和把这些机会销售给现存的企业两种模式下利用机会的形式。支撑创业独特领域的两种重要因素是对于创业机会的识别并对其的利用。由于创业机会理论所作出的积极影响，谁是创业者这个之前在创业研究中的问题如今可能被替换成什么是创业机会。

（4）战略构建学派。此学派认为，创业规划是创业成功的重要因素，其代表人物认为，战略构建是将独特的因素优化配置，并运用独特的市场、独特的人才、独特的产品或者独特的资源进行有效的开发活动。在企业管理中战略管理占有举足轻重的地位，管理学派分支从严格意义上讲包括创业理论战略学派。如今流行将创业过程视为一个战略初起和发展的管理过程。阿玛尔·毕海德（Amar V.Bhide 根据不同企业的制度及其战略发展，将企业战略细分为 3 个步骤：首先，明确创业目标；其次，估计目标战略；最后，确定实施能力。将创业和战略管理研究手段结合在一起就可以融合以下 6 种行为：国际化、网络、组织学习、高层管理团队及其治理、创新、企业增长。

四、创业理论的深化

现如今，创业作为一个新兴的研究领域，不仅在学术领域崭露头角，而且逐步成为近年来国外研究的热点。国际上许多知名的期刊等都相继推出专刊，形成了重要的传播平台，众多学者们也热衷于创业理论的研究并取得了不断的发展。

（1）创业概念的深化。伴随着公司创业的不断关注，创业学的发展也获得更大空间。创业学不仅局限于新建企业或创业型企业的研究，而且逐步将成熟企业的创业问题纳入理论范畴。夏克尔·扎哈拉（Shaker A.Zahra）认为，创业精神是各类企业在快速变化的市场和竞争加剧的环境中取得长期成功的根本要素，只有不断地尝试、模拟新创企业的积极属性，探索新的创新方法，才能进入新的领域和开创新的市场。斯科特·谢恩（Scott Shane）认为，应该以创业机会为主线研究创业活动。这样定义创业的概念，不仅可以关注创业机会，还可以发现创业者的行为特征。学术界对创业概念的本质认识上有许多分支，这也对创业理论的发展产生了极大的影响，使创业的概念日益完善，使创业研究围绕更多主题不断展开。

（2）创业结构的发展。创业活动会受到不同层次、不同结构分析的影响，改变任何一个关键要素，创业的分析成果也会不同。对企业家全方位结构研究的创业早期的研究学者把探索国际创业根源、发展国际创业理论、描述国际创业现象、强调企业家海外背景、国际化导向在企业国际化过程中的作用作为重点研究对象。由于创业概念的不断外延，以机会为核心的研究也越来越受到人们的重视，现在对于创业研究的结构更加重视多因素发展，研究的焦点也更关注创业的多方位、多视角的特征。创业理论的结构经历了从企业家个体层面到企业家内外环境相结合这一过程，这预示了对于创业研究的结构会不断发展，也反映了理论界对创业研究的深入过程。

（3）创业理论的丰富。来自众多领域的学者们从不同的角度对创业理论进行阐述。例如，有观点认为能力在本质上是不可模仿的独特资源，主要体现在灵敏与灵活的决策、创造力、独创性和远见等，还有研究经过对国内创业团队的差异进行对比，发现国际创业比国内创业的企业家团队拥有更高层次的国际经历和本行业管理经验，有学者通过对实际案例的研究发现，国际社会网络在3个方面影响国际创业行为，从创业机会的视角分析发现，敏锐地感知海外市场机会并快速、有效地采取行动是国际化成功的关键，美国经济学者奥维亚特（Oviatt）和美国经济学者麦克杜格尔盖尔（Mcdougall）通过企业家对于机会的认知及其相互作用的内在机理发现，构建基于企业家机会认知视角的国际创业模型有利于揭示创业过程及其机会发现与开发。

以上对于创业的概念、结构、理论等新观点的提出，不仅有利于挖掘经济市场商机和企业成长性资源，还会随着社会与科技的进步，使创业理论不断发展，呈现出更完善的理论体系，为经济发展提供力量。

第二节　创业的基本内涵与特征

一、创业的基本内涵

创业理论研究涵盖了许多角度。例如，风险承担者，创新和创业的联系，从创业就是一种管理活动而非创业者天赋，到创业是对机会追逐的结果。对创业的研究领域也从起初的经济学、管理学，发展到了社会学、心理学等多个领域，并且不同学科从不同研究对象和方法入手探究创业基本概念，这种状况下人们对于创业内涵理解存在着多样性。尽管存在百家争鸣的情况，但研究创业的学者并没有清晰界定创业概念及创业理论框架，以致创业无法真正成为一门独立的学科。正是如此，当研究创业内涵时，应该对创业定义有全面了解。

"创业"一词由来已久，起源于法文单词 entreprendre，意思是"承担"。1950年之前，所有对创业的解释都来源于经济学家，如法国著名的经济学家理查德·康替龙和吉恩·巴普蒂斯特·赛。理查德·康替龙把经济上的"风险承担"活动与创业者联系在一起；吉恩·巴普蒂斯特·赛将创业的定义扩展，引进生产要素的概念。约瑟夫·熊彼得则把创业的重点放在创新上，强调创业者的主要作用在于创造性和对经济的发展。在经济学范畴内，创业是指创业者组织运用资源的能力。我国有学者简单地把创业定义为新企业的创建或者定义为新产品、新工艺、新组织和新市场的结合。也有些学者深层次阐述创业的含义，创业包括新企业和已有企业的创业。有学者提出简明的概念：创业是以机会为导向、策略得当和领导有方的思维、推理和行为方式，认为创业是一种行为过程而不是创业者特性。本书将创业定义为创业是指创业者在承担一定风险，贡献一定的时间、资金，通过一定的努力，发现和寻找恰当的机会，整合自己拥有的资源，由此创造出新的产品、服务或者实现其潜在的价值的过程。

二、创业的特征

近年来，农民工返乡创业逐渐成为潮流。国家高度重视"三农"问题，多次提出要支持和鼓励农民工就业创业，拓宽增收渠道；要确定进一步支持返乡创业的措施，激活农村资源要素促进乡村振兴。同时，随着乡村振兴战略的不断推进，农业领域迎来极大的发展机遇。对于离乡打工的农民工而言，若能在乡村振兴战略的大背景下返乡创业，那一定会大有可为。通过对创业概念的理解，归纳出以下4个创业的特征：

（1）创造性。创业是创造新事物的过程，是创造出一种新的产品或服务来满足社会的某种需求。拥有或继承前人的事业、管理已有的企业不是创业。创业对于任何创业者来说，都是一项前所未有的事业，虽然他们可以借鉴、模仿前人的经验和方法，但是必须自己从头做起，这就是创业的开拓性和创造性。

（2）自主性。创业是创业者运用自己的资本、能力、知识和技术，自主进行产品生产或提供服务的过程。创业是一种个性化的创造性社会行为，也是一个复杂而艰难的过程，是把人生理想转换为社会现实、实现自身价值的有效途径，是靠自己的主动行为来实现的。

（3）风险性。创业是一个发现、创造和利用商业机会，组合生产要素并创造价值以获得商业成功的过程。对于创业者来说，面临很多风险。致使创业活动偏离预期目标包括以下几个因素：不可预知的创业环境，复杂多变的创业企业与创业机遇，有限性能力包括创业者能力、创业团队能力与创业投资者的实力。

（4）功利性。创业是创造财富、累积财富的过程。创业者尽管会有各种不同的创业动机，但追求财富几乎是创业最原始、最直接的动机。如果没有利益的追求，人们就不会甘愿冒风险而去创业。无论创业者采取什么手段或者方式创业，其中目标之一就是获取利润，这是创业的共性。

第三节　农民工返乡创业及发展历程

一、农民工返乡创业及分类

（一）农民工、返乡农民工及农民工返乡创业

我国长期实行的二元政治经济体制下，出现农民与工人、农村居民与城镇市民，产生了明显的户籍制度上的划分。1958 年，全国人大常委会通过了《中华人民共和国户口登记条例》，在"优先发展重工业战略"的经济大环境下，我国居民的户籍被人为地划分为"农业户口"和"非农业户口"两类，城市的大门对农民关闭。时至 1984 年，20 多年严苛的城乡隔绝体制才有所松动，"允许务工、经商、办服务业的农民自理口粮到集镇落户"。农民工返乡创业与农村剩余劳动力转移的"回流"现象形成于 20 世纪 90 年代，主要是因为沿海和经济发达地区产业结构调整以及"西部大开发"战略而形成的。

作为农业大国的中国，农民比例占总人口的绝大部分。农民是指户口在农村、长期从事农业生产的劳动人民。农民工是农民中的一类特殊群体，是农民和工人的混合身份，就有"候鸟"式的特征。他们来源于农村，农忙时他们的角色是农民，在田间地头辛勤劳作；农闲时有精力的年轻农民来到城市务工，他们大多作为建筑工人工作在城市的每个待完工建筑工地的角落。

（1）农民工是户籍仍在农村但不种地，进入城市务工和在当地或异地从事非农产业劳动半年及以上的劳动者，是农村发展和社会化下的产物，以工资为收入来源。农民工含义也有狭义和广义之分：狭义的农民工主要是指外出进入城市务工的农村劳动力，而广义的农民工是在本乡镇的企业就业以及进到城市或周边地区务工的农村劳动力。总体上看，农民工具有以下 3 个特点：一是在户籍限定上是农民；二是自身拥有土地；三是没有农业经营收入，依靠外出务工获得工资收入。

2023 年全国农民工总量 29753 万人，比上年增加 191 万人、增长 0.6%。其中，本地农民工 12095 万人，比上年减少 277 万人、下降 2.2%；外出农民工 17658 万人，

比上年增加 468 万人、增长 2.7%。年末在城镇居住的进城农民工 12816 万人，如图 1.2 所示。

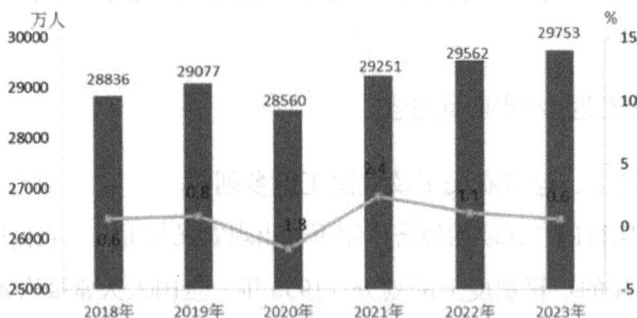

图 1.2 全国农民工规模及增速

农民工平均年龄 43.1 岁，比上年提高 0.8 岁。其中，本地农民工平均年龄 46.6 岁，外出农民工平均年龄 38.9 岁。从年龄结构看，农民工中 40 岁及以下占 44.6%，41—50 岁占 24.8%，50 岁以上占 30.6%，如表 1.1 所示。

表 1.1 农民工年龄构成表

单位：%

年龄组	2019 年	2020 年	2021 年	2022 年	2023 年
16—20 岁	2.0	1.6	1.6	1.3	1.2
21—30 岁	23.1	21.1	19.6	18.5	15.4
31—40 岁	25.5	26.7	27.0	27.2	28.0
41—50 岁	24.8	24.2	24.5	23.8	24.8
50 岁以上	24.6	26.4	27.3	29.2	30.6

在全部农民工中，未上过学的占 0.8%，小学文化程度的占 13.8%，初中文化程度的占 52.1%，高中文化程度的占 17.5%，大专及以上文化程度的占 15.8%。大专及以上文化程度农民工所占比重比上年提高 2.1 个百分点。

（2）返乡的农民工是农民工的一部分群体，他们是在城市务工学习了一部分经验后，由于多种因素离开城市回到农村，他们选择自己创业、在家乡集镇继续打工或者经过短期休整后又进城务工经商的一类农民群体。返乡农民工一般带有一定积蓄，属于农村中高消费群体，生活消费水平比普通农民高。从收入来源看，返乡农民工不再只从替他人打工中获得收益，对所处的环境有清晰的认知和判断，容易接受新鲜事物，对于理财概念更加清晰，注重资产投资的增值和收益。小部分的返乡农民工已经敢于为谋求高利益而冒险进入风险行业。从就业选择来看，他们倾向于在城镇中找工作或者自主创业，善于经营，懂得投资与合作。这些农民从农村来到城市，在城市工作期间积攒了一部分资金并且掌握了工作技术、积累了工作经验之后，人生观及生活观也发生了转变，发展前景不局限在自己的家乡，眼界也更加宽广，认为返回家乡才是实现自身价值的最好选择。

在返乡农民工中各个年龄阶段均有分布，相对而言，30—55岁的中年返乡农民工所占的比例更为集中。农民工的性别特征表现为男性多于女性，男性约占2/3，女性约占1/3。由于男性农民工大多从事体力劳动，受到很大身体条件的限制，失业的可能性更大，而女性更多从事机械化的工作，工作风险比较小。而且，男性对自己的事业更具有冒险挑战的精神，愿意尝试新鲜事物。返乡就业不仅是一项挑战，更是一种实现自我价值的方式。

我国农民工的总体受教育程度偏低的现象一直没有得到改善，农村的教育问题十分严峻。返乡农民工是我国农村农业产业大军中的一支重要力量，其偏低的科学文化水平将直接影响到我国农村产业素质、竞争力和现代化水平的提升。

（3）农民工返乡创业。农民工返乡创业可以概括为：在城市务工的农民，在城市生活一段时间后，积累了技术、经验，在掌握一定资金后，受到主观或者客观因素的影响，最终选择返回家乡——农村地区，利用自身所拥有的资源，在国家相关的政策和项目的帮助下，进行创业活动的行为。农民工返乡创业是我国的特有现象，不能脱离中国特殊的时空结构来分析。农民工返乡创业不仅有利于落后地区的经济发展，还有利于改变城乡区域发展的不平衡状况，起着开路、突破的作用。

（二）农民工返乡创业的分类

返乡创业的农民工能力参差不齐，按照其能力主要划分为以下4种类型：

（1）个体创业型，是指返乡农民工依靠个人或者以家庭为组织基础，以在打工中积累的有限的资金、技术作为创业资本进行创业。这类创业主要是以扩大已有土地规模、从事种植或者养殖业、个体经营等为主。独立创业类型中所创企业多为微小企业，创业是维持生活所必需的表现。

（2）扶持创业型，是指在政府或其他企业的扶持下，综合返乡农民工在其城市生活中所积累的商业知识，所进行的创业。由于现代经济变化快，对于农民工创业的现代化技术要求也越来越高，所以，在政府和其他企业的帮助和引导下，农民工返乡才能有效地开始创业。

（3）合作创业型，是指返乡农民工主动寻求非政府力量，形成相互合作、共同创业的企业形式。返乡农民工和其合作伙伴，整合各自所拥有的创业资源，共同经营。合作创业对返乡农民工的实力有一定的要求，将不同的创业资源整合，合作创业才能发挥最强力量。

（4）组织创业型，农民工返乡创业主要是经济组织。在以共同的目标、共同的利益为核心的前提下，农民们在一名返乡创业的农民工的带领下集体创业的行为。以建立一个经济共同体来实现创业，这种类型为组织创业。

二、研究现状及评述

农民工返乡创业是中国社会特有的现象，国外并没有专门针对农民工返乡创业的研究。但国外就业理论和创业思想是西方经济学派的精华，这些精华为本研究的有效开展提供了良好的理论平台；金融危机爆发后，农民工大量返乡创业，引起国内学者的高度关注，国内研究内容不断丰富和延伸。

（一）国外研究现状与评述

（1）创业动机研究。加拿大风控专家肖恩·怀斯（Sean Wise）认为，创业动机是创业者的一种自发意愿，包括成就需要、自我效能感、控制源、创业目标等个性特质；美国百森商学院创业学荣誉教授威廉·D.拜格雷夫（William D.Bygrave）认为，创业动机包括市场机会、新机遇、自身才能、事业发展需要、自我价值的实现，还有创业学家认为，创业有七大动因：个人想要向上成长、喜欢挑战、有更多的自由、有使用自己的知识和经验的机会、不喜欢为他人工作、朋友的影响、家庭的影响。创业动机决定企业家行为模式，决定企业成功与否。

（2）创业环境研究。创业环境是创业活动活跃度的关键影响因素之一，是创业研究的核心问题。创业理论发展初期，学者们忽略环境对创业活动的影响。创业环境对创业和创业行为具有重要的影响，合理的制度能使创业者更好地进行生产性创业，带动经济增长。创业企业可以适应环境，也可以为自己创造更好的环境。1999 年，英国伦敦商学院和美国百森商学院共同开发"全球创业调查项目（GEM）"，为创业环境研究提供科学的理论分析框架，该模型提出创业环境 9 维因子：金融支持、政府政策、政府项目、教育和培训、研究开发转移、商业环境和专业基础设施、国内市场开放程度、实体基础设施的可得性、文化及社会规范。

（3）农民创业及影响因素研究。国外学者以农民创业（farmer entrepreneurship）作为研究对象，集中于创业地域角度分析农村创业（rural entrepreneurship）。[1] 影响农业企业成功的关键因素有两个：一是个人特质因素，是内部成功因素；二是外部环境因素，是外部成功因素。① 个人特质因素：一是人力资本方面，人力资本积累对农民创业有重要影响，教育水平越高创业意向越强。农业旅游业农民创业者基础教育与农业专业教育程度都很高。二是心理素质方面，农民创业成功与否，取决于创业群体的创业心理与创业技能。农民职业专业（工作）定位看重社会期望。提升农民创业能力，可以发展农村商业、促进农村经济多元化发展。拥有社会资本的创业者更易有新的发现或促使新机会发展，有利于稀缺资源的辨别和集成。三是创业者性别方面，创业者性别差异决定企业特征以及社会影响力，女性创业活动通常低于男性。印度农村女性为照顾家人和支撑家庭走上了创业之路，家庭的支持与鼓励是农村女性创业成功的基础。财政管理能力和贷款者团队认知对农村妇女创业有显著影响，对农村女性创业的拉动效应显著。② 外部环境因素：一是自然条件方面，农村社会、文化和政治背景及国家政策直接或间接影响农民是否创业及创业水平的高低。 自然资源天然禀赋约束影响农民的创业行为，农村所在地理位置对农民创业信息获取及创业基础有影响。二是文化传统方面，创业榜样的出现对个人创业意图有积极和显著影响。不同民族创业者对创办企业及其业绩有显著影响。三是政策支持方面，鼓励农民创业政策在不同国家和地区效应存在显著差异，政策制定者应针对不同农村周边地区的需要，注重直接或间接对创业精神进行刺激，并进一步将创业政策分为"挖掘性"政策、"建设性"政策、"支持性"政策。小额信贷项目帮助孟加拉国农村妇女参

---

[1] 孙红霞、孙梁、李美青：《农民创业研究前沿探析与我国转型时期研究框架构建》，《外国经济与管理》2010 年第 6 期。

与以家庭为基础的经济活动，创造了让她们更加独立和自给自足的机会。

综上所述，国外关于农民工创业的研究起步较早，对于创业的理论研究内容准确、全面、透彻；对于创业动机和创业环境的认识丰富而具体；对于农民创业的研究深度和广度取得很大进展，这些研究为学位论文的撰写提供了良好的理论平台。但综观研究区域，不难发现，这些研究多集中于发达国家视角，由于发展中国家与发达国家的国情具有很大不同，研究理论的应用可能出现"水土不服"的情况，要正确地分析和引用国外研究成果，为本研究所用。

（二）国内研究现状与评述

受国际金融危机影响，农村原有劳动力的流出趋势不再是主流趋势，流入和流出现象并存。[1] 国内对于农民工返乡创业的大量研究在这一时期不断增加，大致分为以下7个方面：

（1）农民工返乡创业与农村社会互动机制研究。农民工返乡创业对农村要素配置产生5种优化效应：人力资本配置效应、物质资本配置效应、生产技术扩散效应、自然资源开发与利用效应、劳动力资源就业效应。这些效应拉动农村经济再增长，实现农民自我价值，对社会主义新农村建设具有推动作用。从结构理论来看，农民工返乡创业表面是对城镇化趋势的背离，实际是城镇化新阶段的主动适应性调整，最终目的是提高和巩固更高城镇化水平；从社会流动理论来看，返乡后农民工融入新农村或城镇建设，成功提高社会地位，形成上升式社会流动；农民工返乡创业推动社会主义新农村建设，新农村建设成果逐渐吸引大量农民工返乡创业，形成"推力—拉力"引领关系。[2] 这种引领关系达到阈值时会转变为群体扩散效应。

（2）农民工返乡创业概念及动力研究。农民工返乡创业是指户籍所在地在农村、长期在城市务工、还没有市民化的农民，在城市推力、家乡拉力、自我价值实现、经济形势变化等综合因素影响下，回到输出地的县城、小城镇、农村，以超越原来纯农业生产的方式或规模，从事生产经营的行为。农民工返乡创业是在

---

[1] 刘颖、张英魁、梅少粉：《乡村精英人才外流的社会影响与对策》，《学术交流》2010年第11期。

[2] 张秀娥、孙中博：《农民工返乡创业与社会主义新农村建设关系解析》，《东北师大学报(哲学社会科学版)》2013年第1期。

个人、家庭、宏观政治经济社会环境影响下，对城市打工和返乡创业进行权衡后作出的一种理性选择。农民工返乡创业是城乡一体化发展的现实路径，从打工者到创业者转变是乡土网络与回归政策建构的结果，体现情感与理性的交织，是双向建构过程。在利益最大化驱使下农民工会选择创业。产业梯度的转移、国家强农惠农政策推出、经济结构的调整与经济发展方式的转变、城市推力与农村拉力的双重效应、社会地位提升、个人价值的直接体现、农民工创业行动策略等方面在一定程度上推动农民工返乡创业。其中，经济动机是农民工返乡创业的根本动机，社会动机是返乡创业的最终动机。

（3）农民工返乡创业的特点及困境研究。农民工返乡创业特点突出，困境依然存在。农民工返乡创业特点：金融危机后农民工返乡创业步伐加快、创业环境宽松，对比新生代农民工，第一代农民工是创业主体，其创业素质与家庭资源优势弱、返乡创业意愿强，主流定位生存型创业[1]；对比其他类型农民创业，具有起点低、多层次、多行业创业、双向互动和可逆性的群体特征。

农民工返乡创业困境方面：金融财政支持乏力，返乡创业遭遇资金屏障；创业政策不够健全，缺少完善、长效的制度机制；服务意识欠缺，创业环境亟待改善和优化；创业者整体素质偏低，风险凸显，发展后劲乏力；土地流转困难、经营管理水平有限；熟练技术人才难招、产业集群程度低。创业项目范围狭窄，局限于技术要求低的传统行业。另外，组织化问题也较为突出。未来农民工返乡创业社会流动将从水平流动发展为上升流动，从自发性流动向制度化流动。

（4）农民工返乡创业因素研究。农民工返乡创业的因素影响包括4个维度：农民创业动机因素影响直接导向与榜样示范，内外社会资本因素促成农民创业行业选择，行政资源及其人际关系网络资源融合决定农民创业地点选择，强连带确定农民创业初创资金获取及困境的解决。[2]具体因素分析：① 创业绩效方面：政策资源获取对农民工返乡创业绩效有重要影响，家庭成员数量与创业绩效呈正相关关系，个体户与创业绩效呈负相关关系。② 创业意愿方面：个体及家庭特

---

[1] 张政清：《农民工返乡创业：意愿、行为与效应的代际差异比较》，《统计与决策》2011年第18期。

[2] 罗明忠、邹佳瑜：《创业动机到创业选择与实施：农民创业中的社会资本因素》，《广东商学院学报》2012年第6期。

征、社会资本、政策支持力度是影响农民工返乡创业意愿的重要因素，外部环境起决定性的作用；创业教育与培训对返乡农民工创业意愿影响强烈，风险感知和家庭成员意见左右创业意愿。③ 创业行为方面：社会资本（创业项目、创业政策、创业形式、资金筹措渠道）、人力资本（年龄、受教育程度、身体健康状况、技能培训）影响作用显著，社会网络对返乡农民工创业决策起非常重要的作用，金融条件束缚农民工返乡创业，农民工返乡创业行为与经济运行情况呈正相关关系。④ 区域划分方面：创业空间区位成本因子、集聚效益和市场因子耦合影响农民工返乡决策，创业群体地区扩散效应影响农民工创业活动。

（5）农民工返乡创业结构及能力研究。① 农民工返乡创业结构方面：李晓亮等[1]（2005）以农民工返乡创业的金融和人力资本为研究对象，发现相对优势；黄建新[2]（2008）利用结构化理论对农民工返乡创业进行研究并拟定具体的对策；李含琳[3]（2008）以经济利益为出发点，提出了鼓励农民工返乡创业经济体战略的新建议；李文辉、徐邓耀[4]（2009）利用数量法对某市打工者返乡创业的实例进行了分析，证明农民工返乡创业可以带动地方经济的发展；陈波[5]（2009）利用模型模拟了农民工返乡创业中关于行为的约束因素和比例关系。② 农民工返乡创业能力方面：目前农民工返乡创业培训工作不健全，致使农民创业能力不足，不能适应市场需求，从而使返乡农民创业失败及受阻。农民工返乡创业失败主要是由于农民工的教育水平有限，对信息不敏感，从而导致对创业机会和识别能力欠缺，还有一些学者把农民返乡创业能力偏低的原因归于我国创业教育和创业培训现状的不重视。

（6）农民工返乡创业政策研究。针对解决资金紧张方面，要努力创建及完善农民创业信贷融资保障体系。针对返乡创业农民工文化素质不高方面，政府应该

[1] 李晓亮、申覃、周霞：《回流民工：农村宝贵的人力资源》，《农村经济与科技》2005年第11期。

[2] 黄建新：《农民工返乡创业行动研究——结构化理论的视角》，《华中农业大学学报(社会科学版)》2008年第5期。

[3] 李含琳：《对我国农民工返乡创业问题的经济学思考》，《青海师范大学学报(哲学社会科学版)》2008年第5期。

[4] 李文辉、徐邓耀：《金融危机下打工者返乡创业的实证分析》，《统计与决策》2009年第16期。

[5] 陈波：《风险态度对回乡创业行为影响的实证研究》，《管理世界》2009年第3期。

采取经济诱导的方式，鼓舞农民工和其他从事创业相关者的积极性，从而打造成由政府牵头的多元化的农民创业培植新机制。针对返乡农民工创业的制度阻碍，政府应该全面统筹城乡发展，深化户籍制度改革，不再让户口问题成为农民工创业的障碍，还农民平等的社会地位，建立统筹城乡的就业制度、土地改革利用制度、农民工老幼的保障机制等。针对农民工在创业过程中的社会保障问题，政府应该改善对土地的征用机制、增加土地补偿标准、完善农村社会保障体系等。除此之外，政府应该统筹安排关于农民返乡创业的政策，首先要做的就是对农民进行创业指导，其次是要提高农民创业的组织化程度，把农民工返乡创业与农村第二、三产业及小城镇经济建设整合。

（7）农民工返乡创业的优化路径研究。政府主导下的农民工返乡创业优化路径：应加大返乡农民工创业的政府支持力度。具体来说：解放思想，正确认识农民工返乡创业对经济社会发展的意义，开通农民工返乡创业绿色通道；结合本地产业和资源优势，将产业承接与农民工返乡创业作为系统工程集群发展，增加农民工创业机会、投资纯收入、成功概率；创新财政和金融制度，探索农民工返乡创业的扶持模式；加强宣传与合作、建立良好的担保体系；构建农民工创业培训体系、项目产业引导体系；落实优惠政策，优化创业环境。从法律视角满足制度化、明确指导思想、准确定位目标群体、支持合适路径；丰富社会资本，发挥社会资本的润滑作用，提升农民创业的自我效能感，是推进农民工返乡创业的必然选择。

综上所述，国际经济危机爆发之后，对我国农民工返乡创业有针对性的系统研究尚未出现。本研究通过建立一套科学的指标体系，针对学者们不曾提及的经济危机背景下农民工返乡创业的环境进行综合评价，进而提出解决问题的对策措施，以一个新的视角去阐释农民工返乡创业的问题，开展了具有代表学术前沿和填补空白性质的研究。

三、农民工返乡创业的发展历程

从离乡务工到返乡创业，是在目前我国实施乡村振兴战略大环境下出现的新现象，曾经的"民工潮"变成了主动返乡的"创业潮"。农民工在经历"离土不离乡""离土又离乡"的阶段后，"返乡创业"逐渐成为一种新趋势。在国家鼓励政策和经济形势的引导下，农民工返乡创业掀起热潮，我国农民工创业大致可分为6个阶段：

（1）改革开放至20世纪80年代末。中共十一届三中全会后，我国实行了改革开放和农村家庭联产承包责任制，极大地解放和发展了农业生产力，农村劳动力大量剩余，农民工随之产生（注：农民工一词在1990年后作为术语频繁出现，在此之前都称民工）。长期计划经济影响下的城乡户籍壁垒，使得农民可以进工业却不可以进城。因此，农民工主要以"离土不离乡"的就地转移为主，乡镇企业异军突起。以浙江温州为代表，出现了少数由私人创办、运用市场机制的企业，这是农民工创业的最初探索。

（2）20世纪90年代初至中期。随着对外开放和城市改革的深入，东部沿海城市尤其是开发区和特区急需劳动力资源。国家逐步放松对农民进城就业的限制，此时，农民工以"离土又离乡"为主的模式进行大规模的跨区转移。在中国经济进入全面结构性调整的背景下，城市吸收就业能力下降，导致了农民工的回流引发创业。此时，农民工创业主要以小生意为主，经营覆盖面窄，企业的数量、产值、利税都不成气候，但有效地转移了小部分的农村富余劳动力。

（3）20世纪90年代后期至2007年。中国经济形势发生着前所未有的变化，产业结构处于调整升级时期，农民工已经成为产业工人的主体，社会作用日益重要。此时，已出现由"民工潮"兴起带出了"创业潮""开发潮""建城潮"的"一潮带三潮"发展方向。这一阶段，农民工创业已进入一个新的发展时期，一些地方政府实施筑巢引凤的"回引工程"，创造相关条件吸引农民工创业。此时，农民工创业得到政府及有关单位的支持和引导，创业方向以规模化养殖、经商和服务业为主，企业的数量、规模已初具规模，吸纳就业的能力有所提升。

（4）2008—2014年。2008年9月爆发的美国金融危机演变成全球性的经济危机，我国有近10万家外向型中小企业纷纷倒闭，导致当时大量的农民工因找不到工作被迫返乡。他们中很大一部分人因为生计需要而选择自主创业，约2000万农民工失业返乡，从而形成了我国第一次农民工"返乡创业潮"。在国家政策大力扶持，地方政府给予用地、税费、金融、行政服务等多方面的支持下，农民工返乡创业掀起热潮。此时，国家和政府的政策、财政、信息及行政服务等支持力度前所未有,先进的科学技术、管理方法更多地运用其中。这一轮农民工"返乡创业潮"中,绝大多数人是不得已而为之,他们在项目选择、资金利用、管理经验、政策运用等方面存在着缺陷,创业过程中效率不高,创业行为举步维艰,创业成功的例子并不多见,很多人因为现实困境而不得不再次选择外出务工。

(5)2015—2017 年。我国第二次农民工"返乡创业潮"出现在 2015 年。随着国家《深化农村改革综合性实施方案》《关于支持农民工等人员返乡创业的意见》等政策的颁布实施,迎来了新一轮农民工"返乡创业潮"。农民工返乡创业是继农民工跨区域流动就业后,又一顺应时代发展的农村剩余劳动力转移的新模式,推动我国城乡统筹发展与"三农"问题的良好解决。在这次"返乡创业潮"中,返乡创业群体体现出年轻化的趋势。

(6)2017 年至今。乡村振兴战略是习近平总书记于 2017 年 10 月 18 日在中共十九大报告中提出的战略。中共十九大报告指出,农业农村农民问题是关系国计民生的根本性问题,必须始终把解决好"三农"问题作为全党工作的重中之重,实施乡村振兴战略。[1]在乡村振兴战略下的返乡创业吸引了很大一部分有知识、有技术的年轻人,整体呈现出年轻化的趋势。在城里打工的年轻人越来越多地考虑到小孩的教育、老人的照顾等家庭因素,需要归属感,不再愿意在外漂泊,想要实现自身价值个人创业的意愿更强。这批返乡农民在意愿、闯劲、项目选择上更强,他们中甚至有部分人是在打工期间就构思好创业想法,带着资源、项目和人脉回乡发展。在管理经验、学识、技术应用、资金筹措等方面更专业。在乡村振兴战略的推动下,政府出台一系列的鼓励政策,使他们在选择返乡创业过程中享受到更多便利和更有信心。由于具备了这些较为成熟的创业条件,农民工返乡创业的成功率更高。同时,新型农业生产经营主体大量涌现,他们是现代农业建设的主导力量。近年来,国家在基础设施建设、工商、财政、税收、金融保险、用地等方面加大扶持力度,着力培育各类新型农业生产经营主体,农民专业合作社、家庭农场、农业企业等大量涌现。

[1] 韩长赋:《认真学习宣传贯彻党的十九大精神 大力实施乡村振兴战略》,《人民日报》2017年12月11日第7版。

第四节 农民工返乡创业与中国农村社会

一、农民工返乡创业：中国社会特有的现象

（一）"三农"问题是农民工返乡创业问题的根源

在我国经济社会的发展过程中，"三农"问题一直是需要重点考虑的问题。自从我国实行改革开放后，进入 21 世纪以来，"三农"问题逐渐成为制约我国经济发展的重要难题，成为限制我国经济发展的一个瓶颈。近年来，"三农"问题主要表现为农业产值占 GDP 比重下降、农村人口老龄化加剧、农产品价格波动等问题。最新数据显示，截至 2023 年年底，我国人口总数已经超过 14 亿人，城镇人口数量持续增长，而乡村人口数量逐年减少。全国居民人均可支配收入逐年提高，但城乡居民收入差距仍然较大。

实施乡村振兴战略是新时代"三农"工作的总抓手。在实施乡村振兴战略中，农村基层组织要切实加强农村基层基础工作，建立机制，完善措施，加强培训，搭建平台，增强为民服务观念和意识，给予返乡农民工真诚的关爱和帮助，充分发挥返乡农民工的作用。随着各项支持"三农"政策的落地实施和这些年的发展，农村的基础设施越来越完善，交通物流越来越便捷，服务保障越来越有力，城乡要素双向流动的障碍逐步被打破，家乡资源优势越来越凸显，创业的环境和条件日益成熟。这些无疑为返乡创业提供了客观条件。

据最新农业普查结果显示：我国新型职业农民队伍不断壮大，成为农业农村发展的中坚力量。全国规模农业经营户和农业经营单位数量不断增加，农业生产经营单位等新型经营主体数量也在增加。分地区看，东部地区规模农业经营户和农业经营单位数量最多，而西部地区数量相对较少。随着农业生产经营单位等新型经营主体数量的增加，我国农业生产向规模化和专业化方向发展，适度规模经营在资金、技术、信息、人才和管理等方面具有无可比拟的优势和辐射带动作用，对稳定农业生产、农产品供应和加快推进现代农业建设等方面发挥了重要作用。

然而，当前农村人口主要以农业劳作为收入，缺乏支柱性产业的支持。在这

些收入中，除了一些必要的家庭开支以外，几乎没有可支配收入。这种发展模式极大地影响了农村本地的经济建设，阻碍了农业发展，许多年轻人不得不依靠外出打工来增加收入，依靠打工渠道来缓解目前所遇到的困难。因此，我们需要继续加大对"三农"问题的关注和支持力度，推动乡村振兴战略的实施，促进城乡一体化发展。同时，也需要鼓励和支持返乡农民工创业创新，发挥他们的作用和优势，为农村经济发展和乡村振兴贡献力量。

（二）中国政策制度的特殊性

中国政策制度的特殊性体现在户籍制度。在我国城乡分治的户籍制度制约下，与其配套的就业制度、教育制度和社会保障制度等辅助制度对农民工进城务工有重要影响。这种影响体现在外出务工农民工城市双向压制，即"经济吸纳"和"社会拒入"。由于我国城市存在这种特殊的二元体制的排斥，促使农民工在经济不景气的环境下首选返乡创业。根据相关资料显示：由于农民工进城务工，户口还留在农村户籍所在地，致使许多外来务工人员不太容易找到工作条件较优越的工作，并且即使找到工作也经常受到歧视及不平等待遇，无法与拥有城镇户口的市民一样享受到社会保险和医疗服务，户口的局限性使农民工很难融入正常的城市生活。正是我国存在着这种特殊的政策，才导致农民社会阶层的特殊性，致使农民在城市的工作、生活中找不到合适位置，选择返乡创业。

（三）区域经济政策的有效引导

近年来，农民工返乡创业的现象日益显著，其中重要原因之一是受到其他成功返乡创业农民工的影响。随着国家经济政策的调整和优化，中西部地区出台了一系列投资优惠政策，吸引了越来越多的投资者和创业者。这些地区凭借自身的资源优势，为创业者提供了广阔的空间和机会。许多农民工看到了这样的机遇，纷纷选择回到家乡创业。以重庆市开县为例，最新数据显示，该县返乡创业人员创办的各类经济实体已经超过 2000 户，公司数量达到 80 户以上，从业人员超过 5000 人。外出打工人员返乡承包租赁开发的"四荒"土地面积达到 30 万亩，吸纳农村劳动力 1 万余人。根据该县最新的统计资料，全县私营企业主中超过 50%、新发展的私营企业主中超过 80% 是外出打工返乡人员。这些农民工在城市中的打工经历让他们接触到了各种工商业机会。面对返回家乡独立进行创业的机会时，这无疑是一种巨大的诱惑。他们带着在城市积累的经验和资金回到家乡，为当地经济发展注入了新的活力。

（四）传统观念对农民工返乡的影响

农民工选择返乡创业最主要的主观原因就是他们心中的"家乡情"。由于中国千百年来的乡土观、家庭观在农民工的思想里根深蒂固，进城务工的农民即使在城市中打拼数十年，依旧割舍不了心中那份对家乡故土的怀念，仍希望回到家乡，不愿背井离乡，多年流动在外也要叶落归根。实际上，很多外出务工人员虽然长期在城市务工，但并没有在城市安家，老家里上有老下有小，身在城市却惦记着家乡。他们有着照顾家庭的要求、心系家乡的情怀、关切家人的牵挂，在城市里生活一段时间并且赚了钱之后，特别是看到一些返乡创业成功的真实故事后，他们更愿意选择回乡创业发展，回报桑梓故里。

（五）返乡创业农民工是乡村振兴的重要力量

外出务工人员返乡创业正汇聚成推进乡村振兴的一股重要力量，为正在实施的乡村振兴战略注入了新活力和新要素。长期以来，由于农业人口和农村要素向城市和发达地区单向流动，农村开始出现"产业的空心化、家庭的空巢化和人口的老龄化"以及留守儿童亲情的缺失等问题，引发了社会各界的普遍关注。返乡农民工曾经长期在外打拼，有技术、有经验、懂管理、会经营，有较强的社会实践和发展致富能力，是实施乡村振兴战略的一支重要力量。另外，这些外出务工人员经过多年在外打拼，不少人掌握了市场需要的技术，眼界得到开阔，见识得以增长，同时也积累了人脉，融入了产业，掌握了资源，完全具备了回乡创业发展的能力和要求。

综上所述，我国农民工选择返乡创业与其他国家相比是有着特殊性的。在我国宏观经济、政策的影响下，农民工结合自己心中的意愿而选择了返乡创业这条更合适他们的发展道路。在《国务院关于解决农民工问题的若干意见》中也明确肯定："返乡创业的农民，带回资金、技术和市场经济观念，直接促进了社会主义新农村建设。"农民工创业作为改革开放40多年来的又一经济成果，也将成为促进我国经济结构调整、解决农村富余劳动力、建设社会主义新农村、推动县域经济发展的一个必然选择。大批外出务工人员返乡创业，在实现自我价值的同时，也为城乡融合开辟了新途径，架起了城乡互动的桥梁。尤其是带动了工商资本和农业资本的结合，资本得以回流，促进了人才回归和技术回乡，实现了从"走出去"到"雁归来"的蝶变，从"一人打工一家不穷"的打工效应向"一人创业致富一方"的创业效应转变，从而成为农村发展的带动者和美丽乡村建设的推动者。同时，他们还把城市文明传播到乡村，化身为城市文明的传播者。从此，农村活力增强了，农业经济发展了，农民的笑脸也增多了。

二、外出农民的权衡选择：农民工返乡创业

农民工返乡的原因既存在客观因素的影响，也有主观因素的选择。在国家政治、经济、法律、市场环境、政策等客观因素的影响下，特别是金融危机对我国经济的影响，致使城市就业压力的剧增，迫使大量农民工不得不踏上返乡之路。在主观因素上，农民工在外务工多年，拥有了一定资金、技术以及先进的管理经验，为改变自身生活环境而选择回乡创业。具体而言，农民工返乡创业是最优的选择主要表现因素为：

（一）宏观的经济因素

影响农民工返乡创业的一个重要因素就是宏观经济环境的变化。当国家经济发展、社会运行良好，各产业部门的就业需求量就会不断增大，能提供的劳动岗位也会增加，此时在城务工的农民就业机会就会增加，从而返乡创业的农民工数量就会减少。在乡村振兴战略的推动下，农民工选择返乡就业不仅可以避开城市中的激烈就业竞争，还可以在返乡创业的过程中提供给他人更多的就业机会。

（二）政府的支持

为了促进农民工返乡创业，在2014年中央1号文件中提出要构建新型农业经营体系，其中强调要加大对新型职业农民和新型农业经营主体领办人的教育培训力度，扶持发展新型农业经营主体。随着新型职业农民培育试点工作的推进，2015年中央1号文件在提升农村公共服务水平中提出要通过积极发展农业职业教育，大力培育新型职业农民。随后，2016年中央1号文件指出加快培育新型职业农民，要将培育职业农民纳入国家教育培训发展规划、鼓励农民通过"半农

半读"方式就地就近接受职业教育并将财政支农资金部分使用到职业农民培育中。至此,新型职业农民达到了一个前所未有的发展高度。2017 年作为"十三五"规划的重要一年,同时也是农业供给侧结构性改革的深化之年,该年的中央 1 号文件指明开发农村人力资源重点要围绕新型职业农民培育,整合多种渠道培训资金建立以政府为主导、部门相互协作、依靠产业带动的培训机制,培育适应现代农业发展的新农民。随着中共十九大作出实施乡村振兴战略重大决策部署,2018年中央 1 号文件强调通过建立职业农民制度、创新培训机制、培训主体多元化并鼓励职业农民职称评定试点工作开展以此大力培育新型职业农民,破解乡村振兴人才瓶颈制约。从上述中央 1 号文件可以看出,国家对新型职业农民培育政策支持力度日益提升,对于新型职业农民培育重视程度也显著提升。这也昭示出新型职业农民在农业供给侧结构性改革、农业现代化乃至乡村振兴战略规划实施进程中都发挥着重要作用。

在培育对象上,2012 年中央 1 号文件中提出要对未升学的农村初高中毕业生、农村务农创业青年、返乡创业农民分别提供免费农业培训、给予补助和贷款支持。2015 年中央 1 号文件扩大了培育对象范围,补充为加快发展高中阶段教育,以未能继续升学的初中、高中毕业生为重点,推进中等职业教育和职业技能培训全覆盖,逐步实现免费中等职业教育。在 2016 年 5 月《农业部办公厅 财政部办公厅关于做好 2016 年新型职业农民培育工作的通知》中,创新性地锁定以专业大户、家庭农场、农民合作社、农业企业、返乡涉农创业者等新型农业经营主体带头人为培育对象,并规定原则上培育对象年龄不超过 60 岁。在政策的推动下,参与新型职业农民培育的对象在年龄上、身份上都发生了转变,这一转变响应了"科教兴农、人才强农、新型职业农民固农"的战略要求。

在培育方式、教学内容上,2011 年《教育部等九部门关于加快发展面向农村的职业教育的意见》提出要坚持农村基础教育、职业教育、成人教育三教统筹发展推进农科教结合,利用现代远程教育网络对培育对象进行分类培训,努力培育新型农民。随着网络、传媒等媒介的发展,中国农村远程教育网、新型职业农民培育申报系统、云上智农等线上农业培训出现,丰富了原有的新型职业农民培育方式,同时培育教学内容也在政策引导下进行了调整。2015 年 10 月印发的《农业部办公厅关于加强新型职业农民培育教材建设的通知》指出，为发挥教材在职业农民培育中的重要作用，从精品教材开发、教材使用管理、教材建设机制等方面入手，进一步提高培育质量。在当前乡村振兴背景下，让农民成为一种职业、让农业成为有奔头的产业，分层分类培育新型职业农民已成为实现乡村振兴的重要保障。

由这些政策可以看出，政府的态度是大力支持农民工返乡创业的，如果农民工能把握住这个创业的机会，对农民工本身或者所在乡镇的经济条件将是一次飞跃。做好返乡创业人员在工商、税务、金融、科技、管理等方面的专业知识培训，增强市场分析能力和组织管理能力，提高其经济管理水平和创业能力。结合新型工业化、新型城镇化、农业农村现代化战略，为产业发展提供创造型人才和技术人力资源。要聘请相关的专家教授定期或不定期地对创业者开展专题讲座和管理咨询，进行答疑解惑。另外，还要进一步加强负责返乡创新创业工作人员的定向业务知识培训，提高其工作能力和服务水平。

（三）对于家庭的传统观念

在中国，家庭是每个人生活中最重要的因素，对就业地的选择有着重要影响。由农业农村部农村经济研究中心调查的资料显示，在 71 个被访问的农民工返乡创业的案例中，受到家庭因素的影响而选择返乡的占 1/3 左右。由于我国特殊政策的影响，外出就业者很难取得所在地的户口，考虑到子女升学等问题，农民工不得不选择返乡创业。许多农民工背井离乡，选择到遥远的城市打工的最主要的原因是让家人能够过上更好的生活。如果农村的生活能够更好，那么农民工也就不会愿意外出打工。而外出打工多年的农民工有了一定的积蓄，第一个念头就是把这些钱带回家，提高家庭基本条件和生活质量，让家人不再是人们口中的孤寡老人和留守儿童。而且，随着政府对基层教育的大力投入，各个村镇小学、初中的办学条件也越来越好，不断拉近了农村与城市基层教育的距离。这增加了农民工对基层教育的信任，更愿意让孩子在家乡上学，并和孩子一起回家，在创业的同时，还能陪着孩子和父母。所以，家庭因素是影响农民工返乡的重要因素。

由以上分析可以看出，农民工选择返乡创业不仅仅是因为城市中没有合适的工作，更是权衡自身特点而作出的最优选择。首先，农民工在城市的打工经验使他们对改革开放的政策有所了解，并善于捕捉市场机会。其次，大多数人在城市的务工过程中完成了资本的积累，为返乡创业奠定了坚实的物质基础。最后，农民工在城市的生活中饱经沧桑、受过磨难，具有顽强的意志力。正是他们在城市务工中所积累的物质和精神财富，在返乡创业的过程中将这些优势逐步转化为生产力而产出实际的经济效益。要增强为民服务观念和意识，为返乡农民工就业创业创造条件。高度重视返乡农民工在实施乡村振兴战略中的重要作用，把实施乡村振兴战略与做好返乡农民工就业创业工作有机地结合起来，切实加强农村基层基础工作，真诚关爱返乡农民工，及时动员、广泛宣传、正确引导，为返乡农民工就业创业创造条件，充分调动返乡农民工参与乡村振兴战略、决胜全面建成小康社会的积极性。

三、农民工返乡创业对农村经济发展的作用

乡村振兴需要有一批真正爱农村、熟悉农村、有文化知识、掌握技术、擅长经营管理的人。他们将凭借自身优势在现代农业、新兴服务业、农村产业结构调整以及基层社会治理等领域发挥重要作用，逐渐成为促进乡村发展的强劲的内生力量。返乡农民工将会成为"五新"农人，即返乡、就业创业、科技、电商和治理新农人，他们将在乡村振兴战略中发挥重要的人口红利作用。

（一）扩大内需与刺激消费得益于农民工返乡创业

扩大内需的首要是刺激农村的消费市场，然而刺激农村消费市场的重中之重又在于增加农民工的人均收入水平。农民工的自力更生、创业就业，带动当地经济发展，以一带众，拉动散户共同发展，增强农村人均消费水平。返乡创业者本人收入大致是非创业者收入的 2 倍，高于预期城市打工收入，分散了收入风险。例如，河南省安阳市林州市在建筑队的工队长有 3100 人是农民工，普遍的个人积累资金在 50 万—100 万元。这部分群体具有较强的消费能力，特别是对于当地经济发展、国家扩大内需政策的落实具有重要的作用。农民工返乡创业可以吸纳当地剩余劳动力，农民可以通过打工获取额外的收入，增加非农业收入从而提高农民整体收入。

（二）农民工创业有利于解决农村社会问题

农民工外出务工强有力地带动了我国城市工业化和城镇化的发展进程，伴随而来的是相关的负面影响。例如，由于家庭主要成员的两地分居，农民工的外出打工造成了农村本地劳动力缺失、孤寡老人及农村留守儿童等许多的社会问题。首先，农村留守儿童问题。从 2018 年来看，全国农村留守儿童共 697 万余人，与 2016 年全国摸底排查数据 902 万余人相比，全国农村留守儿童总量下降了 22.7%。其次，农民工进城务工导致其夫妻双方两地分隔，严重影响了农民工夫妻间的日常家庭生活。最后，农村老龄化日益严重，留守空巢老人孤独终老，农村劳动力水平急速下降。农民工返乡创业提高了农民生活水平，排除农民工进城务工所造成的负面因素，减少了大规模异地流动带来的不利社会影响，从整体上有效地减少了农村城镇向城市化过渡的差距，为农村留住发展人才，合理解决农村社会问题。

（三）农民工返乡创业带动了农村经济发展

农民工返乡创业的一个突出特点是由生活的贫困地区向发达地区流动，进而返回自己的家乡。据统计资料表明，农民工大多数选择外出务工的初始区域，也是返乡创业人数最多的区域。在这些区域，农民工创办的企业已成为当地经济新的增长点，农民工返乡创业正以一种新型的致富途径带动当地一部分人先富起来，推动地区经济结构转型，促进地区支柱产业发展，带来地区新气象，改变农村地区原有贫困面貌。

（四）农民工返乡创业为农村经济发展储备力量

就当地经济而言，农民工返乡创业提供了大量资金注入和人才储备，并且为全方面建设新农村倾注了新活力。农民工群体大多集中于初中及以上文化水平的青壮年劳动力，他们是农村劳动力中文化程度较高的人群。根据相关统计显示，国内在岗农民工的平均年龄为 28.6 周岁，84% 集中在 40 岁以下的劳动力。比起在家务农的农民，受在外打工大的文化环境影响，在外务工的农民工劳动力的普遍素质较高，是农业生产及城市建设的主力军。外出务工的农民工接触到农村社会较为先进的技术以及生产劳作方式，返回家乡后也能将一些外界环境中较为优越的因素带到本地，为地区发展储备新的力量。

（五）经济结构的转变和农村城镇化的发展得益于农民工的创业

通过相关材料分析可见，一半以上的农民工会选择小城镇作为创业的首选地区，主要因为：一是小城镇的地理位置比较接近大中型城市的物资市场、交易市场；二是小城镇交通、水电等基础设施相对完善；三是在小城镇创业，不仅能增加小城镇的人口总数，又能拓展其经济总量。鼓励创业农民工在小城镇集聚，不仅有利于农民工合理迁移，推动农民工向正常市民化发展，而且更有助于扩大内需，发展小型城市。当前，我国农民工返乡创办企业，大多集中于发展农村低碳产业、特色名优产业。这些产业的发展有效地促进农村经济发展方式由粗放型经营向集约型经营转变，提高农村产业发展与农业的关联度，有效地利用农村资源。农民工返乡创业不仅优化农村非农产业结构，使农村的创业经济走上正轨，改变原有的、落后的经济生产结构，更有助于成为推动农村城镇化的重要力量。

（六）返乡农民工促进乡风文明

文化振兴是乡村振兴战略的一个重要构成部分，通过文化能够为乡村生活赋予更多的价值感，满足人们日益增长的对美好文化生活的需求及幸福感与快乐感，提升乡村发展的活力，增强其凝聚力，焕发其魅力。返乡农民工经受过城市精神文明的影响与洗礼，他们把城市文明的生产与生活方式带到乡村，利用城市思想文化观念反哺乡村文明文化，冲击乡村的生产与生活方式，破除乡村陋习，对乡村的发展观念与理念都产生了较为深刻的影响，在一定程度上加速了乡村的文明化进程，极大地推动了乡村精神文明建设。

第二章　乡村振兴与农民工返乡创业

第一节　乡村振兴与中国经济发展

一、乡村振兴背景下的中国社会状况

乡村兴则国家兴，乡村衰则国家衰。在我国，社会主要矛盾在乡村表现得尤为突出。习近平总书记在中共十九大报告中提出了乡村振兴战略，强调农业农村的优先发展。[1]该战略按照产业兴旺、生态宜居、乡风文明、治理有效、生活富裕的总要求，推动建立健全城乡融合发展体制机制和政策体系，统筹推进农村经济、政治、文化、社会、生态文明和党的建设，以加快乡村治理体系和治理能力现代化，实现农业农村现代化。这是新时代党和国家对"三农"工作作出的重要战略部署。

中国是一个农业大国，农业长期占据主导地位，农民占人口绝大多数，农村数量多且分布广。经过 40 多年的改革开放，中国的农业和农村已经发生了深刻变化。根据最新数据，中国的人口城镇化率已经达到了一个较高的水平，第一产业就业比重和第一产业增加值比重均有所下降。农民居住城市化、就业非农化、生计多样化的趋势日益明显。工业反哺农业、城市支持乡村的政策为解决中国"三农"问题提供了广阔空间。然而，随着这些变化的发生，也带来了一系列问题，如生产要素非农化、村庄主体老弱化、农村空心化以及生态环境恶化等。农业产业的吸引力大幅降低，农民生计日益脱离农村，乡村发展呈现落后凋敝景象，成为实现全面小康社会与现代化强国蓝图的关键短板。在农村人地关系已经发生深

---

[1]《乡村振兴战略规划(2018—2022年)》，中华人民共和国中央人民政府网站（https://www.gov.cn/gongbao/content/2018/content_5331958.htm）。

刻变化的背景下，农业是否依然是基础产业，农业如何实现振兴，这些问题直接关乎产业兴旺乃至乡村振兴。

从"四化"发展视角看，中国的城镇化、工业化和信息化提升了农业现代化水平，促进了农村要素重组和空间重构，推动了农业地域功能的转型与转变。但农业现代化相对滞后且呈现加剧趋势，阻碍了"四化"综合水平的提高。从国际经验与发展阶段看，尽管农业产值份额越来越低，但农业仍是国民经济的基础产业，在国际竞争中具有战略地位。中国农业发展的主要矛盾已由总量不足转变为结构性矛盾，农业发展的可持续性备受关注，亟待发展高值高效、生态安全、特色与多功能农业，采取竞争性农业发展战略和质效导向型农业政策。从典型案例研究结果看，由于农业的弱质性与小规模家庭经营的弱势地位，中国农业转型升级面临较大阻力，且对政府的依赖程度偏高，需要通过完善土地、劳动力、资本和技术等生产要素供给机制，以及创新农业生产经营体系、创设新型业态来推进农业供给侧结构性改革，落实乡村振兴发展战略。这些研究丰富了对中国农业发展的认知，在全国上下正在贯彻落实乡村振兴战略、农业经济份额持续下降的背景下，分析乡村振兴背景下的农业发展状态与产业兴旺途径，有助于进一步理解中国农业发展存在的主要问题，更好地发挥农业在乡村振兴战略中的积极作用。

乡村振兴战略将为我国农业和农村经济注入强大的发展动力，能够消除贫困、改善民生，有助于顺利实现农业农村现代化目标，最终逐步实现共同富裕。推进农村的产业结构改革，促进产业升级，实现产业兴旺。优化农村生活的方式，尊重自然，保护自然。将美丽乡村建设进行到底，实现生态宜居。积极地推动乡风文明进程。传播精神文明和法治文化，促使农民民主法治观念和意识的不断升级，营造出农村优质的社会氛围，最终实现农村治理有效。农村就业是当前需要解决的一大难题，使富余的劳动力得到有效利用，使其创收增收，从根本上提高生活的富裕水平。使具有最广泛最深厚的基础的农村发挥出最大的潜力和后劲，让农民成为一种极富吸引力的职业，让农业成为有奔头的产业，让农村成为安居乐业的美丽家园，从根本上解决我国农村存在的发展不平衡不充分问题。

二、乡村振兴背景下的中国经济发展环境

（一）国内经济环境分析

（1）拓展国内消费市场难度上升。我国国内消费市场有较大的发展潜力，但拓展国内市场依然存在困难。具体表现在以下两个方面：一方面，我国经济由高速增长阶段转向高质量发展阶段，发展要求和发展条件都呈现新特征；另一方面，城镇居民收入以及消费观念、消费信心不断上升，对于市场消费水平提升有刺激作用。但目前，农民就业难、增收难，中国消费市场由于受到未来消费习惯和支出等多因素限制，难以持续保持较高的增长水平，拓展国内消费市场依然难度较大。

（2）民间投资意愿较弱。当前，投资拉动我国经济增长，政府投资的增加速度要快于民间投资，但若要彻底实现经济复苏，其关键点是要带动民间投资。就目前形势分析，国内投资具备一定的增长潜力，原因在于一种投资热情，而这种热情来自就业压力和改变现状的强烈愿望。对于投资空间，汽车工业、房地产行业的发展所形成的产业规模扩大以及城市化、工业化的加速发展等变化，提供了广阔的投资空间；对于资金支持，庞大的国民总储蓄以及国外投资，提供了充足的资金支持。

（3）外贸形势吃紧。我国外贸形势并不乐观。首先是人民币汇率问题。美元的大幅度贬值，使人民币升值产生压力。受国际经济危机的影响，美元在未来的一段时间难以改变其弱势格局，而我国的外汇储备位居世界第一，近期人民币升值的压力有所提高。这并不利于中国出口总额的回升。其次，国际贸易摩擦升温，国际贸易保护主义活动频繁，而受害最大的国家就是中国。我国曾经出口总额可占世界的20%—30%，甚至更多。

（4）通货膨胀逐渐显现。国际经济危机对各国经济都造成了极大的损失，中国的财政和金融环境虽受到严重波及但相对依然稳定。一方面，得益于近年来中国财政实力的不断增强和金融监管体系的稳健提高；另一方面，得益于我国政府在经济危机之后，迅速实施宽松的货币政策和积极的财政政策，不遗余力地保证中国经济的平稳发展。

（5）资源、环境压力大。中国经济增长所需资源需求量较大，资源紧张的矛盾正日益加剧，危机已经开始显现。资源是人类生存与发展的命脉。当资源枯竭时，整个世界都会陷入资源危机的"十面埋伏"。为了争夺"资源"，不排除引发更多的隐患。由此来看，人类亟待增强"资源危机"意识。只有对地球上的资源总量的长期变化和状况有一个整体把握，才能避免陷入资源民族主义的陷阱。

（二）乡村振兴下农村金融发展面临的挑战

近年来，为了搞好农村改革，国家围绕农村金融和财政支农方面颁布并实施了一系列重要政策，促进了农村经济的快速发展。但是，在乡村振兴战略的背景下，农村金融体系改革仍面临着很多问题。

1. 农村金融体制不健全

（1）农村金融机构产权结构不合理。农村信用社是农村金融机构的主要组成部分。随着农村经济的发展，农村金融需求不断扩大，农村信用社规模和范围也不断扩大。因此，农村信用社的所有权结构与之前相比变得更复杂，农村信用社股份制改造面临着多重困境。

（2）政策性金融支持的范围和能力有限。乡村振兴战略的实施需要财政政策的支持，但在乡村振兴背景下，农村金融体系中的供应主体（机构）、农村金融服务的现代需求主体（法人）、农村金融风险承担与分散主体（担保、保险）以及农村金融环境（诚信、法治环境）等方面仍然存在着生态链问题。一是金融机构需要提供越来越有效的金融服务，但是现有的农村金融机构在设置、服务方向、政策保障等方面存在着滞后性；二是要改革现有的金融机构，必然要求全面构建与重建农村的金融供应、需求和风险以及环境等生态链结构。

（3）农村金融服务体系不健全。一是农村金融服务水平比较落后，服务手段传统且单一，先进的信息技术在金融服务中运用较少，不能发挥其原有的作用。二是金融服务体系不完善，各类金融机构以及非银行金融机构没有形成统一的整体。

2. 农村金融风险化解机制缺乏

（1）农村金融机构投入的风险大。由于农村与城市的经济发展状况不一样，我国城乡面临的金融风险有所不同，金融风险程度存在不平衡的状况，与城市金融体系相比，农村金融体系缺乏风险的化解与分散机制，造成涉农金融机构缺位，出现"去农化"的严重趋势。

（2）社会信用支持体系建设滞后。良好的信用文化和诚信的社会环境是经济发展的必要条件，也是农村金融体制改革所必需的。但在我国农村，信用制度建设效果并不理想，阻碍了农村金融体系的建设和发展。在乡村振兴战略背景下，我国农村金融体系面临的困难主要有：农村金融存在很多违规的现象，而政府部门对其重视程度不够，没有采取相应的措施加以解决；农村的个人征信系统收集的信息不全面，覆盖范围不全面，没有建立规范的信用管理体系，难以发挥有效的监测作用。

3. 农村金融供给机制不完善

改革开放以来，我国的农村金融服务体系虽然有了很大的改变，但仍然存在许多问题，主要表现在：

（1）农村金融服务供给落后。在我国农村，农民的基本金融服务需求是金融机构提供给农户的存、结算等基本服务。但在很多农村地区，这一基本服务仍不全面，且处于落后的水平。

（2）农民投资理财满足度低。随着我国经济的发展和社会的进步，农村居民收入与之前相比大幅度增加，农民对理财产品的需求也与日俱增，农户对理财和增加收入的渴望比较强烈。但是，在大部分的农村地区，期货、证券的交易平台不完善，理财产品单一，不能满足农民的理财需求。

4. 金融资源配置不均衡

（1）乡村振兴需要金融支持，但在我国一些农村地区，农村金融体系仍然存在发展不均衡、借贷成本高以及金融运行不可持续等问题，阻碍着农村地区的经济发展，主要表现在"普惠金融悖论"问题仍然突出。乡村振兴战略的推进，必然要求农村金融能运行均衡。但是，在一些农村地区，金融市场供需不平衡问题比较严重，农村微型企业以及个人无法通过正规渠道进行贷款。

（2）农村金融运行的资源利用受到限制。一是农村金融体系运行中存在产品创新和服务方式创新受限的问题。与城市发展相比，我国广大农村市场竞争机制环境以及人才技术方面处于弱势地位，农村金融机构在运行中仍然使用传统的信息技术和贷款技术，给金融机构的创新造成障碍。二是农村金融运行中对网络信息技术利用不够。在我国广大农村地区，由于信息不畅通，人们对新技术的接受程度较差，大数据、互联网的运用范围有限，给未来金融机构的发展造成阻碍。

（3）国家支持农村金融的财政与金融政策尚未形成配套体系。农业是国民经济的基础，但农业在我国经济结构中处于弱势地位。近年来，国家对农业进行了大力支持，推动了农村经济的发展。但这些支持农村金融的财政措施没有与金融措施相结合，国家各级财政和农业发展银行、农业银行、邮政储蓄银行在支持"三农"问题的政策上往往各自为政，在政策和借贷方面缺乏统一配合与制度安排，金融资源浪费现象在一些地方还很严重。

三、乡村振兴背景下的中国人力资源状况

近年来，中央高度重视乡村振兴与人力资源的关系。多个中央文件明确指出："实施乡村振兴战略，必须破解人才瓶颈制约。要把人力资本开发放在首要位置，畅通智力、技术、管理下乡通道，造就更多乡土人才，聚天下英才而用之。"在全国人大会议上，也多次讨论了如何推动乡村人才振兴的问题，强调要强化乡村振兴人才支撑，加快培育新型农业经营主体，并激励各类人才在农村广阔天地大施所能、大展才华、大显身手。

目前，中国农村的人力资源状况正在发生积极变化。随着国家对乡村教育的持续投入，农村教育水平显著提升，农民的知识和技能得到增强。同时，各级政府也加大了对农民职业培训和技能提升的支持力度，培养了一大批具备现代农业知识和技能的新型职业农民。

实施乡村振兴战略工作顺利开展的关键在于能动性的劳动力要素的投入，具体来讲，主要是劳动者的体力要素与智力要素。在国家政策上，一直鼓励农村人力资源存量高的青年优质劳动力向非农领域大规模净流出。近年来，进一步优化农村人力资源配置工作逐渐得到重视，农村人力资源结构不断改善，但农村地区整体素质水平偏低，农村劳动力资本化收益被发达地区占有，农村各项事业发展缺乏人才支撑，对我国农村经济的发展和农业现代化进程的推进起到了阻碍作用。因此，要贯彻落实乡村振兴战略，优化我国农村人力资源配置，首要任务是准确

识别现阶段我国农村人力资源管理中存在的问题并寻求切合实际的解决方式。

首先是我国农村教育体系落后。自改革开放以来，我国教育事业的投入资金逐年增多，农村教育从总体上得到了迅速发展。但仍存在地区教育资源分配不平衡，城乡教育资源差距较大等结构性问题。农村地区地理位置偏僻，基础设施配置不足，薪酬待遇低，刚毕业的大学生出于自身利益最大化的追求，极少人选择去农村地区任教，乡村教师队伍多为高中、初中文凭的老教师，整体文化素质较低，进而导致农村地区的学生无法享受现代化的素质教育。与此同时，农村地区学校管理水平低下，甚至有的地区的学校由于师资的匮乏，没有设置专门的行政管理方面的教师，学生辍学现象普遍，学校缺乏良好的学风。其次是由于传统城乡二元结构的制约。我国曾长时间实行城乡二元结构体制，在牺牲农村、农民基本利益的基础上推动我国工业化进程。长此以往，经济基础原本就薄弱的农村地区得不到充足的资金投入，农业生产滞后于欧美等发达国家，农村基础设施等公共物品严重匮乏，农业生产的发展与农民生活水平的提升得不到基础性支撑条件。农民只能靠着微薄的务农收入维持基本生活，用于发展的资金严重不足，阻碍了农村人口的全面发展。最后是农村人口不断地涌向城市，为了追求更高的薪资待遇和更完善的医疗、教育等公共资源，不少农村地区的人口选择离开土地到城市务工。而城市的公共资源是有限的，农民的"蜂拥而至"不仅造成了城市公共资源供给的不足，而且住房紧张、交通拥挤现象普遍。人口迁移是劳动者理性选择的结果，限制性因素不能也不应该阻止。然而，农村人口的大规模流出也使得不少的农村地区成了"空心村"，仅剩下老弱病残等弱势群体在农村地区务农。人口大规模流出不仅制约了农业生产力的提升，也进一步限制了农村的发展。

建立乡村振兴战略人才机制，完善乡村振兴战略培训制度。坚持政府引导、政策扶持的原则，建立机制，完善措施，切实加大投入，建立健全乡村振兴战略人才机制，完善乡村振兴战略培训制度，从政策、资金等方面给予必要的支持和保障，加强人才培训，开发人才资源。针对一些返乡农民工在生产生活等方面遇到的实际困难和问题，提供及时有效的咨询、指导、帮助。通过真诚的关爱和帮扶、有效的措施及科学合理的工作，支持返乡农民工投身乡村振兴战略的创业实践，使人力资源转化为促进地方经济发展的动力。加强农村实用技术培训，提高返乡农民工科学文化素质和发展致富能力。乡镇党委、政府要把返乡农民工集中起来，与乡镇妇联、团委、党校、农民实用技术学校、林业站、农技服务中心、劳动保障所等相关部门紧密配合，组织开展农村实用技术培训，进一步提高返乡农民工的科学文化素质和发展致富的能力，为返乡农民工搭建创业平台。

同时，也要做好农村人力资源管理工作的对策。大力发展农村教育事业，提高国家财政对农村教育的投入力度，通过国家财政资金将高质量的教育资源导入广大农村地区。另外，要进一步拓展多元化融资渠道，积极鼓励社会力量参与兴办农村教育，吸纳社会资金，促进农村民办学校发展，进而促进农村优质教育资源的整合。与此同时，要进一步健全农村教育体系，建立"基础＋高等＋职业＋创业"教育"四位一体"的现代化农村教育体系。进一步打造城乡教师互动交流平台，促进现代化教育理念、教学方法、教学管理经验的传播，努力提升农村教育的现代化水平。而且，要建立健全农村医疗保障体系。针对现阶段我国农村地区公共物品供给匮乏的问题，应利用财政资金加大农村公共卫生服务基础设施建设，进一步推广公办非营利性医院及农村预防性卫生站。积极引入现代化的医学专业人才，优化乡村医生队伍结构。进一步提高新型农村合作医疗的政府补助标准，积极推进异地结算业务的普及，努力实现"病有所医"。与此同时，健全新型农村社会养老保险政策体系，建立科学合理的最低生活保障调整机制，努力实现农村人口的"老有所依"。另外，最重要的是积极培育乡村支柱产业和特色产业。培育乡村支柱产业是农村居民增加人力资源投资的经济基础，同时也是吸引高素质人才返乡创业的关键。政府要以合理引导农村智力回流为切入点，以创新型产业为支撑，以满足现代农业、农村发展对人才的需求为出发点，加大对乡村支柱产业的投资扶持力度，吸引社会资本注入推动乡村产业发展。同时，要进一步实施"人才引进计划"，建立高技能人才返乡创业服务机制，积极鼓励、支持农村劳动力服务中介组织通过多渠道共享劳务信息服务，为引导农村智力回流以振兴乡村创造基础性条件。

四、乡村振兴背景下的中国经济潜力

当前，我国有较好的经济发展基础。从总体上看，我国各项经济运行指标处于掌握范围之内，大中小型企业抗风险能力越来越强，经济发展仍有相当潜力，应坚持乘势而上、迎难而上、稳中求进。

（一）中国经济综合优势

1.工业化、现代化稳步发展。目前，我国的投资方向在政府的宏观调控下，正在逐渐转型到中西部地区，带动中西部地区经济的发展。

2.市场化、国际化稳步推进。市场化、国际化的最新成果发生在劳动力市场和金融市场，工资、利率和汇率越来越与实际市场供求接轨。

3.储蓄率、投资率水平较高。我国的储蓄结构和投资结构正在不断改善，在发展中国家里，中国是为数不多的资本充足国家。

4.人力资源总量巨大且流动性较好。虽然我国人力资源平均的受教育程度较低，但高学历人口绝对数较高，创造性人才容易产生规模效益。

5.城乡居民融合条件成熟。随着社会的发展，城乡居民身份的差异逐渐减少。政府面向农村居民的社会保障体系网络正在建立；从经济上分析，已具备城乡人口融合的基础条件。

（二）中国经济发展潜力

中国最广泛最深厚的基础在农村，其具有最大的潜力和后劲。农民将成为一种极富吸引力的职业，农业将成为有奔头的产业，农村将成为安居乐业的美丽家园。

第一，城镇化是农业现代化的载体。① 转移农村人口为农业现代化提供土地要素。中国农村土地经营制度变革的主要因素是人口对土地压力。中共十八届三中全会明确"赋予农民更多财产权利"，工业化和城镇化能够在很大程度上稀释人口的增长对土地形成的压力。随着城镇化步伐的加快，农业人口转移可以释放更多土地资源。② 城镇化能够促进农业产业结构优化，从而有效促进现代农业发展。农业产业结构优化调整的目的是，既要保证我国的粮食安全，又要增加农民的收入、促进农村经济的蓬勃发展。城镇化为农村产业结构的优化和调整提供了广阔的市场空间，人口集聚效应和人口消费能力有助于农产品生产、加工、消费产业链的形成。同时，在推动城镇化的进程中，产生新的就业岗位为城镇居民和周边农民提供了大量的就业机会。因而，合理的城镇化与农业的发展会形成一个良性的互动。城镇化会吸引优秀的人才，形成雄厚的人力资源储备，会为农业产业结构的优化和调整提供先进的技术保证及优质的人才支撑。在城镇化推进的过程中，人才引进政策可以吸引一批有先进技术的优秀人才，尤其是敢于创新、勇于创造的人，吸引他们回流到中小城市，对农产品产业链的延伸起到技术的支撑，为城镇化进程起到有力的推动作用。③ 城镇化的有效发展会形成大量储蓄资金。这些储蓄资金是农业现代化的重要投资来源之一。现实存在的城乡差距的直接影响，导致城镇居民储蓄规模也远远高于农村居民。农业现代化的发展不可能离开资本的支持，因此城镇化的有效发展能够聚集大量资金。在我国农业投融资体系中，银行信贷作为资本投融资的主渠道，城镇居民的储蓄占银行存储的很大部分，这部分资金可以为加快当地农业现代化步伐提供有效保障，进而有助于农业现代化的进一步实现。

第二，农业现代化同时是城镇化的基础。在推动农业现代化的进程中，农业人口收入不断提高，为城镇中相关产业的有效发展创造了更大的市场机会。从古至今，农村人口都是一个较大的消费群体，他们能够给城镇化带来广阔的市场，城镇的发展和演进都离不开这一市场。城镇化的过程本质上是生产要素在空间的集中，农业现代化的发展会产生大量的农村剩余劳动力。我国农业的生产方式正在发生大的变化，机械化代替人力劳动的进程在显著加快。农村就业人口不断向城镇转移，其规模在不断扩张，速度在急速地上升。从农村结构布局来看，村庄数量在减少而且其人口不断向城镇聚集，农村城镇化水平显著提高，传统的居住方式正在被新型农村社区逐步替代。

第二节 乡村振兴对我国农村经济发展的影响

一、农民工就业形势

从目前来看，我国的劳动力呈现出一种供需不平衡的状态，正是从原先的所谓的农村富余劳动力供给，逐步演化成地区和结构的劳动力缺乏。从年龄结构上看，与改革开放以前相比，我国现有劳动力资源更加老化，我国的人口老龄化问题越来越严重。从劳动力质量上看，高水平的技能型人才较为缺乏，低水平的初级劳动力仍然占据很大的一部分比例。总体来说，我国技能型工人的缺口越来越大，新生代农民工的就业方向很不稳定，更老一代的农民工失业风险剧增，农村劳动力的供求状况不容乐观。当前，我国人口增长已经进入低生育率阶段，人口老龄化问题日益严重。1978年，农村劳动力在整个社会中所占的比例是比较大的，所占劳动力的比例为76.3%，这与放宽户籍制度、非农产业的发展以及城市化有很大关系，而到了2014年这个比重大幅下降，仅为49.1%。那么，农村剩余劳动力实际上可以转移到其他有需要的地区产业，将会在当前这个比重的基准下更加减少。以2014年数据为例，农村剩余劳动力仅占总劳动人口的25.1%，农村剩余劳动力规模在实际上已经急速下降，农村剩余劳动力在供给上已经不能无限提供了。劳动力的就业问题日渐突出，我国政府为了缓解就业压力出台了积极的就业政策，并且采取多种方式积极为待业人员提供就业机会。国家统计局监测数据显示，2009年，东部地区外出务工的农民工为9076万人，比2008年减少8.9%。可见，经济危机对农民工就业的影响是巨大的。农民工就业机会的减少将会直接影响收入的增长，而农民创收力度薄弱又必将影响扩大内需政策的有效实施。

农村劳动力从业不稳定问题在一定程度上反映出我国工业化、城镇化的战略存在问题，产生这一问题的主要原因有：

（1）区域之间产业分布不合理，致使农村劳动力大规模流动就业。在中国工业化道路中的长期战略始终是将有限的资本、技术等资源分配给经济程度及发展效率较高的东部沿海地区，导致东、中、西部地区经济发展不平衡。东部地区工业化所占的比重较高，中西部地区农业化所占的比重较大。工业化发展程度高，需要的劳动力数量逐年提高，而农业机械化则产生大批农村剩余劳动力，这些因素为中西部地区劳动力流向东部地区提供了最初的条件。为了缓解大批劳动力向东部地区流动，我国政府陆续实施了如西部大开发战略、振兴东北老工业基地战略、中部崛起战略等区域发展战略。但是，这些战略并没有提供大量的就业机会，未能有效地控制劳动力流动问题。尽管我国政府提出了区域间产业升级和转移的理念，但位于东部地区的劳动密集型产业向中西部地区转移的进程仍然缓慢，农村劳动力大规模跨区域流动现象依然存在。

（2）外向型的经济策略不够稳定。我国政府在对外开放政策上没有实施同时开放、同等开放的均等战略，由于东部对外口岸较多，政府采取了"东部优先"的发展战略，在政策、资金、技术等各个方面优先提供给东部，以促进东部地区的对外贸易。这种不平衡的发展战略，一方面，导致东、中、西部地区之间差距逐渐加大，加快了中西部劳动力大规模向东部地区流动的速度；另一方面，全国地区经济结构的不均衡增长，使经济稳定性降低，如果遇到国际宏观经济衰弱、国际市场收缩的现象，首先受到影响的就是外向型经济，在东部沿海地区从业的农民工就会面临失业，失业问题立即显露。

（3）倾向政府和大企业的投资理念使经济增长与就业弹性变动不同步。我国的投资主体主要是以政府为主导的基础设施建设和大企业投资，大企业投资的项目要求员工要有先进的技术。这使得农村劳动力被拒之门外，使本应成为主要就业场所的大中型企业由于许多政策制约而发展缓慢。

二、农村微型企业界定及其现状

（一）农村微型企业界定

农村微型企业是指以农民为创建主体，地处农村，以家庭经营为主，以自我雇用型为基础，雇员不超过9人的经济组织，其企业绩效与家庭生活成本息息相关。国内学者针对创业环境对农村微型企业创业、农村微型企业成长以及农民创业等方面的作用研究颇为丰富。吴勇和蔡根女研究表明，城乡居民收入比及工业化程度对农村微型企业创业有显著负向影响，城市化程度及政府对农村的财政支出比重对农村微型企业创业有显著正向影响；张小晖研究表明，创业平台与创业氛围呈正相关，创业效果与创业氛围呈正相关；周立新等研究表明，政策环境、商业网络、政治网络对微型企业创业成长有正向影响，政策环境负向调节政治网络与微型企业创业成长关系；刘新智和刘雨松认为，农民创业培训是影响不同区域农户对农村创业环境供给效果评价的关键；黄洁等认为，农村微型企业是农民创建、家庭经营、企业绩效与家庭生活水平相关的组织。针对社会网络与创业资源，有学者认为，高中心度社会网络成员易获取多元化知识、信息以及企业发展所需的战略性资源，保障企业创新，社会网络在新企业创立后一定时期内发挥主导作用。张博等认为，社会网络在资源约束程度高的农村地区更重要，对城乡家庭创业收入具有显著正向影响，需要依靠亲戚等强关系提供物质资本。针对社会网络与创业绩效，张承龙等认为，网络嵌入有利于小微企业识别和开发创业机会并提升技术创业绩效；张秀娥认为，社会网络与新创企业绩效之间并非简单线性关系，资源获取、创业者社会网络与新创企业绩效间存在特殊联系。

（二）农村微型企业特征及发展现状

近年来，农村微型企业成为创业带动就业，解放、发展农村社会生产力，增加农民收入的重要载体，对农村经济社会发展影响效应凸显。当前，我国农村微型企业创业环境具有独特性。

首先，投资主体和组织形式多元化。投资人既可以是大中专毕业生、退役复员军人、返乡农民工、下岗失业人员、征地拆迁失地农民，又可以是其他城乡无业居民。在创建中小微型企业时，既可以申办成个体工商户、独资企业，又可以是合伙企业、农民专业合作社、有限责任公司。其次，出资来源和形式多元化。中小微型企业融资渠道主要是自有资金、亲戚朋友借款，很少有正式的融资渠道。投入的资金既可以是实物资产、知识产权，也可以是货币资金。小微型企业固定资本少，对经营所需的工具和设备、技术、场地等要求不高。再次，生产销售灵活。中小微型企业大部分是以"前村后店"的模式组织生产运作，质量管理不完善，采用劳动密集型的技术和手工艺。销售上采用直销方式，且以服务本地市场为主，运作方式灵活而富有流动性。最后，农村微型企业内部管理松散。中小微型企业员工以家庭成员为主，且大部分是通过正规渠道不能就业的人，其员工薪酬具有不确定性，基本不具有完善的薪酬体系，财务会计体系也不完善，领导缺乏专业的管理经验和知识，对员工的管理比较松散，没有完整的员工管理制度，员工满意度较低。

随着国家对农村工作的重视，农村微型企业发展水平有了一定提高，为农村经济发展奠定了前提和基础。但受到多种因素的制约，总体水平发展缓慢。

一是农村微型企业资金短缺。农村微型企业创业是以家庭为主要组成成员，启动资金本就不足，抵御风险能力差，在强大的市场竞争下，多数在创业之初便破产。农村微型企业多数投资回报率低，发展能力具有很大的风险，一些金融机构在进行风险评估后，不愿意给这些企业提供贷款。我国在中小企业信用担保体系建设上已经取得了一些成效，但针对农村微型企业创业贷款的相关规定和扶持政策还没有，农村微型企业从银行获得贷款的可能性很小。大部分企业的资金只能以民间高利息借贷的方式来维持，但资金数量有限且利息高，增加了企业运营成本，只能解决当前的困难，难以保证企业长期运营。

二是创业者和员工素质不高。农村微型企业创业者多数都以本地农民为主，他们有经商的愿望和动机，在具备一定的资金和技术条件后，想用创业来提高生活水平。他们教育水平不高，眼光具有局限性，雇用的员工也主要是家庭成员或者周围区域的农民，整体素质都偏低，多数的发展只能依靠经验来进行，不能进行科学管理和经营。另外，农村微型企业处于农村，而且待遇较低，高素质的人才不会向这样的企业流入。在人才素质的制约下，农村微型企业的发展任重道远。

三是管理缺乏科学性、合理性。农村微型企业创业的基础是农民及其家庭成员，多数企业并无明确的规章制度。对员工的约束和对企业的规划多数具有随机性和随意性。无统一的规划和规章制度，对企业的长期发展无制度制约，管理更加散漫，不利于企业的健康发展。农村微型企业规模小，员工数量少，多数都是权威型的农民担当主要领导者，不具备管理素质，以要求、命令等方式督促工作，以人的权威为主导，忽略了制度的约束。员工素质本就不高，加之缺乏制度性管理，导致企业管理无秩序，不具备合理性和科学性。

第三节 乡村振兴对中国农民工返乡创业的影响

在第二次返乡的热潮下，目前我国的经济体制性、结构性、地域性还是存在矛盾的，农民工返乡创业面临着复杂而艰巨的挑战。同时，乡村振兴时期也出现了一些有利于农民工返乡创业的机遇。因此，正确地分析在乡村振兴战略下对中国农民工返乡创业的影响，才能更有效地指导和支持农民工返乡创业，进而促进农村经济稳健发展、调整优化产业结构、平衡城乡区域经济发展、加快城乡一体化步伐。

一、乡村振兴下农民工返乡创业所面临的挑战

农民工在返乡前和返乡后社会地位发生了很大变化。返乡之前，农民工在城市中打工拼搏，但是得不到绝大多数城市人的重视，受到二元经济体制的长期影响和户籍制度的限制，农民工在城市中一直被边缘化，很难得到尊敬和器重，很难真正地融入城市生活。即使进入城市打工经商，也无法与本地人平等竞争。他们社会地位比较低，经常遭受歧视和排挤。在城市中生活，很难收获归属感。而返乡之后，他们对生活就业的环境熟悉，家乡民风淳朴。农民工外出在城市中努力打拼过，是带着一定资金基础和想法返乡的，比起未外出过的其他人，在农村很容易获得温暖和尊重，具有一定的身份地位。对于返乡创业的农民工来说，打工者的身份从根本上发生改变，返乡才是事业和实现自身追求的开始。相对于其他环境和群体来说，返乡创业的农民工仍然要面临着创业环境不明朗、资金不足、创新创业能力缺乏等问题，在创业进程中面临着巨大的困境。外部环境和自身条件在一定程度上制约着返乡创业的进程。

（一）金融服务体系有待完善，惠农政策未落实到位

返乡创业政策不成体系引发创业服务供需产生矛盾，创业政策有效率比较低、农民工对其满意度不高。总体来看，当前农民工返乡创业遇到的很多困难与惠农政策不匹配、筹资融资难等问题是密切相关的。政府颁布了很多关于降低返乡创

业门槛、落实定向减税和普遍性降费政策、强化返乡创业金融服务等惠农政策，但这些政策在具体实施时并不能得到完全落实。据调查，农民工普遍遇到的问题有：扶持政策"碎片化"、政策扶持不到位、融资难、创业风险高、用工成本高、创业信息不灵通等。农民工创业者普遍资金不足，需要通过贷款来支持创业，而普遍缺少可以抵押的资产。另外，抵押政策对农村微小企业批准额度少，贷款的年限短，办理贷款的程序十分复杂。因此，不少农民工不得不选择利息高昂的民间借贷，甚至高利贷以获得短期的周转。目前，创业资金来源匮乏导致资金欠缺仍是返乡创业面临的一大难题。

（二）农民工缺乏管理经验，眼光不够长远

由于农村地区教育资源的局限性，使早年间许多外出务工的农民未能受到良好的教育，使其在科学文化知识和专业技能方面上有着明显不足。而且，农村地区的经济发展普遍落后，所以部分农民会为了更好的生活条件，选择去城市打工。然而，正是由于缺乏文化知识，农民工便只能从事体力劳动或机械化工作，极少数人从事管理方面的工作。因此，返乡创业的农民工将在外所学技术和一定的资金带回农村并进行创业时，就必须面临着管理公司的困难。以至于很多返乡创业企业因为管理不善而亏损，并且意识不到聘请合适的专业管理人才而导致创业最终失败。同时，他们选择回乡创业之后未接受过创业技能培训而仅仅依靠自己摸索。这无疑大大地增加了创业成本。另外，许多农民工更倾向蝇头小利，目光不够长远，只看重眼前利益，不重视创新以及怎么去提升核心竞争力，而只是停留在当前的盈利局面。

（三）新型农业经营主体作用发挥有限

新型农业经营主体作用发挥有限是农民工返乡创业发展的一个困境。全国面临着耕地持续减少，而土地流转需求持续增加的现象。据调查，目前土地流转数量少、承包难成为普遍存在的现象，同时也制约了返乡创业的进程。如何有效地支配土地是一个很值得探讨的问题。家庭农场、合作社与土地流转如何对接，合作社、家庭农场如何可持续与政策扶持有密切的关系。

（四）农村基础设施不够完善

第一，农村基础设施、配套公共服务水平比较落后，以至于农民工返乡创业地点一般选在城镇。尽管政府意识到基础设施建设的重要性，近年来加大了对其的投入，但依然存在着路况老化、基础设施年久失修的现象，从而导致交通和基本生活的不便。第二，农村信息化不发达，甚至一些偏远地区电商"零"发展。由于产品市场信息的缺失、信息交流不流通，导致创业农民工掌握的市场信息片面、稀缺。相对来说，农村市场是比较闭塞的，对产品信息不够了解，滞销现象严重又很难解决。网货下乡、农品进城、网售通道不畅通，几乎"零"互动。电商平台的滞后以及与农民工创业产业融合度不够制约了农民工返乡创业的发展。同时，也制约了农村的发展，制约农村生活水平的提升。

（五）农村人才返乡的机制尚未建立，人才返乡后面临发展困境

目前，返乡人才政策工作尚未形成体系，缺乏制度化、规范化设计，由此形成了各类人才想回不能回、回来后难以留住、短暂停留后又离开的局面，造成了人才返乡后的发展困境。例如，返乡创业的优惠政策措施宣传不到位，返乡创业人员较难享受到诸如技能培训、资金扶持、税收减免等相关优惠政策，基层社会治理工作人员的薪酬待遇低等问题。在湖南调研一位在报社工作多年返乡创业的农民工时，他曾说："我回来后想做蔬菜种植，要搭蔬菜大棚。但是，我先前是不了解国家优惠政策的，搭了大棚以后才听人说搭建大棚国家是有补贴、扶持等优惠政策的。然而，我去我们这边的蔬菜管理部门，那领导却说像我这样没有提前请示就搭蔬菜大棚的是不可能享受国家优惠政策的。"

（六）返乡农民工创业还面临着资金、技术、长远发展规划等诸多现实问题

目前，农民工返乡创业仍面临着资金欠缺、创业技术欠缺、缺乏长远发展战略与规划、相关政策落实不到位等问题。在重庆调查农民工返乡做创业园的时候，返乡创业农民工也提到，目前还存在着从银行获取资金支持的难度较大、项目市场定位不准、缺乏总体规划等问题，从而影响到项目的质量及整体效益。

（七）产业布局窄，创办的企业技术含量低

农民工在返乡创业过程中所选择的产业领域大多集中在传统农业、基础农业方面，科技含量较低。最容易出现的情形便是在创业实践中，农业产业规模有所扩大，但生产方式未出现明显进步，机械化使用程度低，一些企业很大程度上只是简单劳动的重复，不能满足发展现代化农业、建设现代化农村的需求，还占用了大量农用资源。目前，我国经济发展方式正在从粗放式经营向集约式经营转变，企业对所掌握的资源必须进行有深度、有精度的开发。如果对农业资源的利用仍然只是简单重复和单向堆积，这不仅是对资源的浪费，也制约了农业产业的发展。

返乡创业的农民工在开办新企业时，往往照搬城市经营模式，在结合本地特色资源时，难以充分发挥当地的比较优势；创业选址也因缺乏长远的规划而未能充分考虑产业集群情况，无法充分发挥区域优势形成对市场的占有率。

（八）小农思想禁锢，缺乏自主创业文化氛围

我国有着悠久的农耕文明历史，勤俭节约、勤劳善良等品质代代相传，积淀了丰富的文化内涵。但传统的小农思想中又不乏小富即安、乐于满足的思想禁锢，这使得我国农业发展历来呈现出规模小、分散化的特点。返乡创业农民工的乡土情怀较重，在与现代化农业融合的进程中，思维相对局限，抗风险能力较弱。在城市务工的经历虽激发了农民工一定的创业意识和创业激情，但农村中长期缺乏自主创业的文化氛围，使得返乡创业的农民工在企业管理、市场开拓、产品研发等方面缺乏系统的理论支撑和实战经验，导致他们很难进一步开拓市场，无法实现扩大产业规模和增收的目标。同时，创业文化氛围的缺失，使一些返乡创业的农民工在应对危机时缺乏有利的环境氛围，容易导致创业半途而废。这种内生动力的不足容易导致企业的未来发展空间相对较小。

二、乡村振兴下农民工返乡创业所面临的机遇

乡村振兴背景下，农民工返乡创业在土地制度、融资渠道、创业项目等方面迎来了新机遇。但由于受到知识水平有限、小农思想禁锢等因素的制约，农民工在返乡创业过程中仍存在许多亟待解决的问题。为了进一步推动农民工返乡创业，加快农业现代化建设的步伐，必须采取加强创业培训、创新创业模式、树立创业典型、完善基础设施等措施。随着大众创业、万众创新理念的不断深入，我国社会步入创新创业新时代。据统计，近年来从农村流向城镇的各类人员返乡创业的人数累计达到570多万人，其中农民工返乡创业人数累计达到450万人。越来越多的农民工选择返乡创业，不仅解决了城市化进程中的就业困难、人口压力大等

问题，也为实施乡村振兴战略提供了充足的人力资源，成为解决乡村空心化、统筹城乡发展的关键因素。

（一）国家针对返乡创业制定的相关有利政策

乡土资源是农民工返乡创业的优势资源，深化土地制度改革，是实现农村和农业现代化的必然要求。土地制度改革盘活了农村闲置土地，提高了土地利用率，为农民工返乡创业带来了便利。中共十九大报告明确指出保持土地承包关系稳定并长久不变，第二轮土地承包到期后再延长30年。这不仅稳定和保障了农业发展的基础，打消了农民工在返乡创业过程中因为土地承包权问题产生的顾虑，也保障了国家粮食安全。同时，国家对农村土地"三权分置"的制度不断完善，将原来的土地承包经营权分为承包权和经营权，与所有权一起形成"三权分置"局面。所有权归集体，承包权归农户，经营权归具体的使用者，对优化土地资源配置、放活经营权具有重要意义。"三权分置"制度的落实，既能使农村闲置土地充分流动起来，吸引更多的资本进入农村，为农民工返乡创业提供更优质的生产资料，也能保护有土地承包权的离地农民享受承包土地的利益，更好地协调、保护和促进农业产业的发展。

农民工返乡创业过程中，不仅需要土地来发展现代农业，也需要土地来兴建厂房等基础设施，土地制度的改革使土地的使用、流转更为灵活，为农民工返乡创业扫清了第一道障碍。

与此同时，政府项目作为创业环境的独立要素，是政府政策的具体化，政府项目不仅包括政府提供资金和政策支持的项目，而且包括为创业提供服务、支持和帮助的组织。在返乡农民工创业中，需要政府在政策上进行支持。政府可以通过相关调节，把创业相关的资源和技术从资源富足区引向创业需求区，从而更好地提升创业者的积极性。另外，政府可以通过调节税收政策，降低农村新创企业的税率，从而更好地支持农民工返乡创业。促使农民选择创业的相关政策措施主要指包括金融支持、教育培训、相关配套基础设施的提供等在内的一系列政府政策，这些政策措施也在一定程度上影响着农民的创业行为。

（二）开拓融资渠道带来各类资金扶持

农民工在城市大多从事劳动密集型产业，难以积累起创业所需的资金。而到银行融资不仅需要担保，烦琐的融资程序和较长的审批手续也费时费力。融资难成为农民工创业的巨大障碍。

在乡村振兴背景下，国家在财政、税收、金融等多方面向"三农"倾斜；出台政策引导更多社会资本和金融资源进入乡村振兴领域，形成多元投入的新格局；制定金融机构服务乡村振兴考核评估办法，不断提高金融服务乡村振兴事业的质量和水平；帮助其更好地完成创业项目，实现以创业带动就业的目标，有效帮助返乡创业农民工解决创业过程中资金不足的难题。

（三）自我提升的绝佳时刻

外出打工的农民工积累了一定的资金和人脉，在外打拼使其眼界更加开阔、思维更加活跃、想法更加新颖以及更深刻地意识到了国家对"三农"工作的重视程度，并且返乡创业农民工对农村环境是熟悉的，在农村发展有一定的群众基础。返乡创业恰好是农民工的一个学习时间，农民工在此期间可以参加一定的创业项目培训与技能培训，提高与自己项目相关的技能。同时，部分地方政府为鼓励和引导农民工创业，特别组织了与创业有关的培训，为有创业意愿的农民工提供服务，有利于农民工的自我提高。

（四）生产成本的下降

在实施乡村振兴战略的环境下，政府大力支持返乡创业战略并提供了一系列的政策支持。实施乡村振兴战略，以返乡创业来促进乡村的进一步发展，引导农民工返乡创业和创新，在扶持政策、环境、人才培训等方面给予大力支持，在创业政策方面尽量放开，制度性的交易成本不断降低，使创业服务体系日益完善。创业的成本降低，国家积极宏观调控政策正在一点点地出现效果，减少了创业基本的成本，也在一定程度上降低了创业的风险。

（五）人力资源的支持

实现乡村全面振兴的关键在人力资源。从 2012 年开始，中央对"三农"问题连续 4 年提出培育新型职业农民，旨在改变农村人力资本日益短缺的现状。2018 年发布并实施中央 1 号文件《中共中央 国务院关于实施乡村振兴战略的意见》中继续提出要加强农村专业人才队伍建设，全面建立职业农民制度，发挥科技人才支撑作用，并汇聚全社会力量，为返乡农民工创业提供人力资本。

在乡村振兴背景下，发展农业不再是简单重复的低水平劳动，而是要形成明确的创业分工体系，以农副产品为基础，一、二、三产业同步发展。农村产业分工越精细，产品附加值就越高。要形成更明确的产业体系，形成更长的产业链，不仅要培养造就一支懂农业、爱农村、爱农民的"三农"工作队伍，还要培养农民企业家和新型职业农民。而返乡农民工用在城市务工的资本积累返乡创业，用从城市学到的先进生产方式和现代化经营理念，为传统农业的发展和转型升级注入了新活力。他们是连接城市和农村的纽带，是实施乡村振兴战略的生力军。他们的创业活动，对优化资源配置、发挥农村比较优势，促进资本、技术、劳动力等生产要素在城乡间流动起着至关重要的作用。

在相关调查中，在问及"影响乡村振兴的因素有哪些"时，91.7%的人认为是"技术"，90%的人认为是"资金"，70%的人认为是"人才"，10%的人认为是"市场"，5%的人认为是"土地"。由此可见，影响乡村振兴的主要因素是技术、资金和人才。因为农民工在企业工作过程中学习到很多技能，有一定的基本劳动素质。而且，农民工在城市里的生活使得他们拥有了更多的想法和见解，这样的经历对于有创业想法的农民工来说绝对是一笔不可多得的宝贵财富，他们的经验更加丰富，头脑更加灵活。

（六）国内结构的调整减少了恶性竞争

中国经济长期以来显得尤为突出的深刻体制性、结构性矛盾一直在调整优化。因此，乡村振兴对于现阶段的中国来说也是一次改变发展模式、改变消费模式、改变生活模式、调整经济结构以及产业结构的绝佳机会。结构的调整能够让大批能耗高、产能低的企业纷纷退出市场。通过调整产业结构，为有创业想法的农民工提供便利条件，使农民工在创业的道路上走得更加顺利。

（七）乡村振兴战略为农民工返乡创业提供项目和平台

农业产业结构转型是促进乡村全面振兴的关键工作，实施乡村振兴战略就是要在推动农村产业升级、促进产业融合的过程中注重对生态环境的保护与管理，进而实现生态宜居、乡风文明、治理有效、生活富裕的目标。对此，各地在实施乡村振兴战略的过程中进行了大量探索。例如，鼓励发展家庭农场、积极组织各类合作社、大力提倡产业化经营组织等不断推动着中国新型农业经营主体的发展壮大；合作搞生产，联合拓展市场，农村产业在发展品质化、高端化农业的过程中，逐渐形成了一条从分散到集中的产业链条；以种植业、养殖业等传统农业为基础，在新型农业经营主体的运营下，配合电商农业、休闲农业的发展需求，不断挖掘农民工返乡创业的新项目和新领域等。

创业服务平台、创业孵化园区、现代农业示范园的建立，一方面，为农民工返乡创业提供了更好的公共服务和规划引导平台；另一方面，也为返乡创业农民工提供了更多的创业选择和项目指导。在此基础上，返乡创业农民工可以更好地结合当地自然资源、生态资源、经济资源、人力资源等，因地制宜、就地取材，形成地方特色产业，并辐射周边地区，带动当地剩余劳动力就业，在经济增收、生活改善等方面实现质的飞跃。

吸引外出务工人员返乡创业，不管是在政策层面还是在其他方面，都还有需要改进和提升的空间。加大政策扶持力度。尽管近年来一些地方对外出务工人员返乡创新创业给予了大力扶持，但受多种内外部因素制约，很多返乡务工人员创业在担保贷款中只能望"款"兴叹。这就需要及时出台相关政策措施，在资金支持、融资担保、土地使用、税费减免等方面予以保障和支持，以免除其后顾之忧，增强外出务工人员返乡创业的动力。根据初创企业抗风险能力弱的特点，完善落实差别化扶持政策。注重示范带动效应。这需要各级党委、政府注重典型引导，树立一批返乡创业标杆，讲好群众身边的"创业故事"，充分发挥"老乡"返乡创业产生的示范效应，通过完善产业链，吸引更多的外出务工人员返乡创业，作为投资者投身当地发展。还要积极做好返乡创业的宣传工作。通过举办各种宣传活动，利用各种媒体大力宣传外出务工人员返乡创新创业相关优惠政策和创业先进典型，使返乡创业优惠政策深入人心，从而进一步吸引更多的外出务工人员选择回乡创新创业，共建美丽乡村，共谋乡村振兴大略。

第三章 乡村振兴背景下农民工返乡创业分析

第一节 农民工返乡创业的可行性和必要性

一、农民工返乡创业的可行性分析

近年来，我国正处于经济结构调整和产业转型升级的关键阶段，为适应经济发展新常态，减轻经济下行压力，国家鼓励"大众创业、万众创新"。在乡村振兴大环境下，农民工返乡数量急剧增加，不可否认，这对城乡经济的发展形成了新的动力。但是，返乡农民工在创业过程中也存在着诸多问题，如返乡农民工创业是否具有良好的前景、是否具有一定的发展潜力。掌握并解决好这些问题对于农民工返乡创业具有十分重要的指导意义和参考价值。

（一）农民工返乡创业的人才资源优势分析

农民工返乡从事生产经营、创办企业所吸收的主体以当地农民、农民工和下岗失业人员为主。如果农民工在自己的家乡能够找到适合的工作，并且能够获得相对理想的薪酬，那么浓厚的地缘观念、合适的岗位、合理的薪酬就会促使他们有强烈的本地就业意愿。在这种情形下，只要对他们进行必要的和有针对性的岗前技能培训，就完全能够满足农民工返乡创业所必须具备的要求。

（二）农民工返乡创业的优势经历分析

返乡创业农民工经受过城市文化和市场经济的洗礼，他们的观念得到了巨大的转变，视野得到了一定的开阔，并获得了一定的技术手段和创业能力，对其返乡创业形成了一定的优势。首先，掌握了一定的创业技能。农民工在城市务工时从事的大多是劳动密集型工作，劳动过程中掌握了一定的生产技能和管理信息。其次，有了一定的市场敏感度。返乡创业的农民工一般都对市场有一定的了解，能够不同程度地感知市场中的需求变化，并因此触发创业动机。再次，积累了一定的创业经验。农民工在城市务工的过程中，大都经历过多次工种、岗位的转换，有一部分曾经作为一线管理人员从事过管理工作，这些经历使他们熟知企业的运行流程和工作程序。最后，拥有了较强的创业意识。返乡农民工在外出务工的过程中深刻见证了城市的发展以及城乡二元经济结构所带来的巨大社会差异，因此迫切期望能够发挥智慧、付出劳动，通过创业创造财富，改变自身现状。

（三）农民工返乡创业的机遇分析

从辩证的观点来看，此次经济结构调整转型，既是"挑战"，同时也是"机遇"。对于农民工返乡创业来说，其"机遇"性主要体现在以下两个方面：一是劳动力资源丰富。大规模返乡农民工，加上我国广大农村地区原本就存在的剩余劳动力，由于相对较低的就近务工成本，形成了丰富的低成本劳动力资源，成为农民工返乡创业的有力支持。二是创业环境良好。近年来，政府极为关注"三农"问题，各种政策和资源普遍向农村倾斜，如逐步确立了农村土地流转的新政策、放宽对农户小额信贷的限制、不断健全包括农村合作医疗保险和养老保险在内的农村社会保障制度，尤其是金融危机发生后，各地政府又相继出台了一系列的优惠政策，这些都为农民工返乡创业营造了良好环境。

二、农民工返乡创业的必要性分析

（一）推进农民工返乡创业是缓解当前农民工就业压力的有效途径

受经济结构调整转型的影响，农民工"就业难"问题凸显，数以千万计的农民工面临失业。从地区分布来看，我国农民工打工的地区主要集中在东部，随着东部地区的持续高速发展，发展环境及模式已经不太适合一些农民工继续留在东部。面对如此严峻的就业形势，既要看到其不利的一面，又要看到其积极的一面。其中，返乡创业恰恰是解决农民工就业的一项重要举措。近年来，农民工特别是中年农民工返乡创业明显增加。据农业农村部调查统计，2012—2015 年，农民工返乡创业增长人数年均在 10% 以上。2015 年，我国返乡创业人数达到 450 万人；2017 年，我国返乡创业人数已经达到 700 万人。该调查结果表明，目前我国农民工返乡创业极大地缓解了农民工的就业压力，并且这种创业型就业方式产生了倍增效应。其中一个主要的表现方式为就近带动了农民工就业，并避免了由于大规模农民工流动可能带来的各种社会问题和社会负担。

（二）农民工返乡创业有助于推动经济社会良性发展

改革开放以后，市场经济发挥作用，引导农民工向大城市集聚，在中国大地上出现"民工潮"。20世纪90年代以来，"创业潮"成为推动农村经济社会发展的新亮点。从微观主体上看，农民工返乡创业的最直接受益者是创业者，经济上资本以乘数效应不断增加，社会地位日益提高，农民工月均收入3721元，比2017年增加236元，增长6.8%，增速比2017年提高0.4个百分点；从宏观社会影响看，为农村劳动力就业和增收提供新渠道，社会效益范围广。当前，我国农村经济增长方式已呈现出由"输出一人、致富一家"的加法，向"一人创业、致富一方"的乘法提升转变。

（三）农民工返乡创业有助于加速推进城镇化进程

农民工返乡创业是民工潮和乡镇企业发展两个潮流的结合，外出农民工成为农村经济发展的必备人力资源，60%的农民工返乡创业投资地域首选的是自己家乡所在的乡镇。创办企业的资金、劳动力、技术等经济要素不断向小城镇聚集，城市工作经历和城市生活理念在乡镇辐射范围日益扩大，配套餐饮、医疗、教育等服务行业逐渐衍生，形成良性的产业循环，推动城镇化发展。农民工返乡创业开办的乡镇企业、民营企业作为区域经济发展的"草根"力量，为城镇化发展起到助推作用。

（四）提供农业产业化生产的新契机

我国作为农业大国，"千亿斤"粮食工程不断取得新成绩，生产环节构建顺利完成。但必须清楚地认识到："千亿斤"粮食工程的取得是在原有基础之上通过增加种植面积、调整作物种植结构与增加单产三重因素有机组合完成，要想更好地发展大农业，开展农产品深加工很有必要。我国农民工返乡创业带有明显的农业特色，富饶的农业资源是创业成功的依托，这些企业以种植养殖、农产品深加工、传统农业的集约化种植作为起点和重点，以高产、优质、高效、安全的现代农业为创业的追求目标，将农村经济和商品经济紧密连接。企业不断推陈出新，大力引进先进的生产技术，以农产品开发为主线，大力发展特色农业、精品农业，开展产业化经营，拉长农业产业生产链，拓宽农业生产渠道，增加农民收入，为农业生产提供广阔的投资模式、利益空间。此外，农民工由就业型向创业型、由远地务工向就近就地创业、由从事非农产业向近农产业、由单纯体力型向智力型和技能型的转变，孕育着更深层次的发展内涵，探索农村发展的新方式，提供农村经济社会发展的新契机。

第二节　农民工返乡创业的自身条件

一、创业意愿分析

近年来，我国工业化和城市化进程逐步加快，农村失地人数逐步增多，出现了大量闲置劳动力，而农民工返乡创业可以实现农民工由普通打工者向创业者转变，形成以创业带动就业、以就业促创业的良性互动格局，对实现农村大量闲置劳动力就业、农村社会经济发展起到重要作用。

农民工返乡创业意向是农民工在可预见的时间内返回居住地所在的乡镇政府所在地或县城周边地区准备创业的一种理性思考。要想更好地研究农民工返乡创业的可行性，就要对农民工返乡创业意愿作深入的研究。

在对农民工返乡创业影响因素方面进行探究，早期研究大多集中于宏观因素，通过实证研究可以取得更加具有说服力的结果。通过调查可以得出结论，无论年龄大小、文化程度如何，返乡农民工都有不同程度的创业意愿。在返乡农民工中，女性相对男性的创业意愿要强烈，具有较强交际能力的相对交际能力差的返乡农民工创业意愿要强烈，生产积极性高的相对生产积极性低的返乡农民工创业意愿要强烈。从地域上来看，地理位置越靠近市区，因其经济发展较快，可为返乡农民工创造更多创业机会。因此，创业意愿也更强烈（徐晋、骆建艳,2010）。

另外，返乡前在外务工情况对于返乡农民工的创业意愿有着很大的影响。从总体上来看，在外务工期间曾经参加过各种技能培训的返乡农民工，其创业意愿远远高于没有参加过类似培训的返乡农民工。

二、创业能力分析

关于创业能力，专家学者有不同的认识和表述。相关研究学者唐靖、姜彦福等提出，创业能力是一个包括开发能力、运营管理能力等"一阶维度"和机会识别能力、机会开发能力、组织管理能力、战略能力、关系能力和承诺能力等"二阶维度"在内的"二阶六维度概念"。相关研究学者钱晓燕则提出，创业能力是指为从事创收获得利润并承担风险的开拓性活动，目标人口应具备的一系列能力，包括激发行动的能力、能够行动的能力、继续行动的能力、操作行动的能力。

传统的农民创业存在着创业人才匮乏，创业能力较低。而返乡农民工则不同，外出务工的经历使得他们相对于普通农民而言，有着较强的能力和经验。他们掌握了一定的资本积累、技术技能、人际关系、市场信息等，同时由于价值观念、心理特征的转变，都会对返乡农民的创业能力产生很大影响。因此，只要各地政府有关部门能够对返乡农民工创业给予一定的重视，对返乡农民工创业的先进事迹进行广泛宣传，对返乡农民工进行充分的创业指导和技能培训，就能够使返乡农民工的创业能力得到充分发挥和迅速提升。

三、自身素质分析

在不同的经济发展阶段，市场呈现出不同的特征。因此，对创业者素质方面提出的要求也不同。农民工返乡创业要求农民工对创业机会的把握与发挥创业能力进行综合运用，因此，农民工返乡创业能力的高低在很大程度上取决于其自身素质的高低。

（一）农民工返乡创业的心理素质分析

从创业意识上来看，返乡农民工具有较强的创业意识。从创业目的来看，农民工返乡创业时，既有一般性的创业目的，如提高物质生活水平，也有高级阶段的创业目的，如回报家乡、带领家乡人共同致富、实现自身的社会价值等。从创业风险上来看，返乡农民工的创业风险意识较为一般。从创业难点来看，农民工返乡创业面临的主要问题是资金困难，既包括创业初期的首次资金投入存在困难，也包括扩大再生产和资金周转方面面临的困难。除资金困难外，返乡农民工创业还存在着市场信息匮乏的困难。

（二）农民工返乡创业的能力素质分析

就返乡农民工创业而言，影响其创业的能力素质主要包括对创业机会的识别能力、对创业资源的获取和配置能力、对创业技术的整合能力和对创业管理的组织能力等方面。

（1）返乡农民工对创业机会的识别能力。对创业机会的识别能力是农民工返乡创业的一项最为重要的能力素质，创业机会是创业过程的开端，同时也是创业成功的前提条件。创业机会体现为商业机会或者市场机会，由市场发展的成熟度、市场信息的开放程度、获得信息渠道的宽广程度决定。异地打工使得返乡农民工积累了一定的经验，能够帮助农民工对创业机会进行识别。但我国的农民工返乡创业自身素质一般，整体受教育水平不高，以初高中学历为主，知识面不够，信息量不足。由于很少受到过现代创业知识的教育，在创业过程中仅仅依靠自己的主观去判断并确定投资方向和领域，容易造成在创业过程中的失利。

（2）返乡农民工对创业资源的获取和配置能力。创业资源主要包括要素资源和环境资源两类：要素资源指的是直接参与生产活动的各项要素，如资金、技术、人才、场地、管理等。环境资源指的是虽不一定直接参与生产活动，但对于创业的开展和成功起到一定的推动作用，如品牌文化、信息资源、企业信用等。对这些创业资源的获取和配置能力的提高，有赖于农民工在返乡创业过程中不断积累经验以开拓思路。

（3）返乡农民工对创业技术的整合能力。农民工返乡创业实际上是一个创新的过程，即将各项创业资源应用于生产和市场并进行相应整合的过程。农民工返乡创业的创新能力不强，这也是当前所面临的一项重要制约因素。尽管返乡创业农民工掌握了一定的经验和技能，但还需要完成创业所需要的资金积累、取得一定的资金扶持、选择合适的创业项目。从实践中看，返乡创业农民工获取技术渠道少，加上市场信息不畅通、培训机会少，很难进入高新技术、高收益产业。

（4）返乡农民工对创业管理的组织能力。农民工返乡创业的管理组织能力一般，农民工在返乡创业时趋于保守和稳定，部分创业者往往依赖于政府或村干部带动创业。这说明农民工在返乡创业时趋于保守，但其对于农村合作组织在农村经济发展中起到的作用普遍有较强的认同感，对建立农村合作组织或专业协会也有比较迫切的需求，可以在引导时注重提高农民工返乡创业的经营管理和组织能力。

第三节　农民工返乡创业的环境条件

一、宏观政策环境

农民工返乡创业的宏观政策条件体现在政府对于农村经济结构调整的扶持上，通过资金扶持、优惠政策、信息咨询、技术培训、基础设施建设等方式，为农民工返乡创业提供广泛的途径和极大的便利。目前，我国各地都相继出台了促进农民工返乡创业的优惠政策，如通过发放信用社贷款，解决农民工返乡创业的资金投入问题；通过引进和推广农业新型技术，鼓励返乡农民工发展优质高效农业、采用多种经营模式、扩大生产规模。另外，还免费提供技术培训、创业培训，在工商注册登记方面给予便利、在税收方面给予优惠，提供基础设施建设，建立帮扶合作组织等为返乡农民工创业提供良好的政策环境。

二、法律保障环境

法律保障环境包括是否有完善的法律制度体系，并且能够得到很好的贯彻执行，当发生法律纠纷时，农民工创业者的合法权益能否得到保护。

法律具有其他社会规范无可比拟的权威性、稳定性、确定性的特征，一旦制定并实施，将更易于在社会中得到执行和实施。农民工返乡创业需要法律制度体系的支持，如上所述，我国目前对于农民工返乡创业极为重视，国家及各地方相继出台了一系列政策。但从立法角度来看，主要以指导意见、条例形式出现，立法层次较低，效力较弱，内容分散、单一，没有形成完整的法律制度体系。而农民工返乡创业涉及市场宏观调控、财政金融制度、乡村组织治理等多方面问题，立法不完善将导致政出多门，无法有效落实各项政策。而政策由其导向作用决定，既具有灵活机动的优势，却也有着缺乏持续性的缺点，无法给予农民工返乡创业制度上的长期保证。在法治社会中，法律是农民工返乡创业最为重要、有效的外部环境，提供对农民工返乡创业的支持，应当以法律的形式进行规范，辅之以必要的政策，将法律的确定性和政策的灵活性有效结合，从而将农民工返乡创业制度化。

经济法是国家干预经济的主要手段，农民工返乡创业主要应当由经济法来进行调整。在制定法律时，应当以实现创业资源的合理有效配置为立法目标，对包括人力、物力、财力在内的多种创业资源，在各个创业环节上进行有效配置。作为宏观调控法，经济法的一项基本原则是国家适度干预原则。构建农民工返乡创业法律制度体系时，也应当贯彻这项基本原则。适度干预原则立足于改变当前以政府为主导的模式，构建政府为支持的社会化、组织化服务体系。既要明确国家相关机构应当承担的经济职责，将创业活动纳入法律规则的框架中，同时又要保证创业模式、发展路径的灵活性，避免国家干预的随意性。以经济法为主导思想构建的农民工返乡创业法律制度体系，在立法本位上，应当立足于以社会利益为中心，兼顾创业者利益的立法指导思想。在该法律制度体系中，将会涉及国家利益、地方利益、社会公共利益、各部门利益、农民工返乡创业者个人利益等方面。这些利益既具有同向性，也可能存在冲突。在立法时，既要防止政府有关部门在管理行为中谋求自身利益最大化，又要避免农民工返乡创业者为个人利益而损害社会公共利益。

在权利义务的分配上，应当确立合理、有效的权利义务结构。国家机构享有经济职权，同时承担相应的经济职责；经济主体享有经济权利，同时承担相应的经济义务。政府机关的支持措施不能以侵犯农民工返乡创业者的经营自主权为代价。作为弱势群体的返乡农民工在创业过程中会面临更加困难的创业局面，经济法更加关注实质意义上的公平，为保证农民工与其他创业者享有真正意义上的公平竞争的权利和机会，应当构建全面支持体系，提升返乡农民工的创业竞争力，降低创业风险，提高创业成功率，并鼓励更多的返乡农民工积极自主创业，参与公平竞争。通过这种支持体系的法律制度化，将会使农民工返乡创业的权利法律化。

三、创业培育机制环境

创业教育和培训是针对计划创业或正在创业的经营者，为其提供经营、管理企业系统知识的形式，它是农民工返乡创业活动得以实现的必要条件，也是农民工返乡创业者将商业机会转变为现实的理论基础。其作用有二：一是帮助农民工返乡创业者理清创业思路，系统学习创业知识和技能；二是提高企业竞争力，加大农民工返乡创业者的成功率。

当前，我国已有部分地区开展了对农民工的创业培训。返乡创业农民工通过这种培训，能够掌握一定的创业技能、调整创业心态、提高创业意识、树立创业自信。不乏一些成功的例子，通过培训，引导和帮助农民工成功地进行了返乡创业。当然，在培训中存在的一些问题也是不容忽视的，如重形式轻效果、重培育轻扶持等。

当前，我国政府正在加大农民工返乡的创业培育机制方面的力度。我国农民工文化水平较低，受教育程度较低。由于农村教育条件相对落后，人口居住相对分散，农民享受教育负担较重，致使我国农民受教育水平远远低于城市受教育水平。政府在此方面的有利政策将有效改变这一局面，同时对农民工返乡创业也有很大的促进作用。

在政府加大返乡农民工创业培育机制方面力度的过程中，要结合当前返乡农民工的创业培育机制中存在的问题加以改进。其中，经费问题是制约返乡农民工创业培训的主要因素。解决返乡农民工创业培训的经费问题，主要在于建立返乡农民工创业培训经费的分担机制，按照收益与成本相对等、投资者即收益的原则，建立由政府和农民工分担创业培训经费的格局。农民工返乡创业培训可以促进地方经济发展，属于具有公益性质的支出，可以纳入公共财政的支出范围，并应由各级政府加大财政投入力度，保证经费充足供给。农民工创业者是创业培训的直接受益者，应当加强其参与意识。如果负担不起培训费用，可以采取多种灵活方式支付，如创业培训机构可以与创业农民工签订合同，由接受创业培训的返乡农民工在培训结束后一年内支付完毕培训费用。此外，各级政府还可以广泛发动和组织社会各界力量加强对返乡农民工创业培训的投入。

再者，要完善返乡农民工创业培训体系。当前，我国农民工培训存在不少突出问题，如教学方法陈旧，培训内容缺乏针对性，仍主要停留在"就业教育"而非"创业教育"等。因此，应当将返乡农民工的创业教育与市场需求结合起来，强调培训的实用性和高效性。一方面，应当改变以往的传统培训方式，深入实践，及时并充分地了解返乡创业农民工的理解能力和接受水平，根据需要有针对性地确定创业培训的内容，建立健全一个符合返乡农民工创业需求的培训知识体系。另一方面，应当改变以往的培训内容，针对农民工具体的返乡创业情况，确立突出技能、注重实效的培训思想，针对不同的培训对象，进行分级培训，并应根据返乡创业农民工的具体情况灵活决定培训时间、地点、内容和方式等。而且，应当突出实训在创业培训中的重要性。

同时，也要转变返乡农民工创业培训观念。为转变返乡农民工创业培训的观念，首先，各级政府要重视对返乡农民工创业培训的管理，将返乡农民工创业培训计划纳入当地社会和经济发展的总体规划中，明确将其付诸实践的领导岗位责任制。切实保证农民工返乡创业培训在当地整体教育体系中的重要地位和经费分配额度，在制度上保证返乡农民工创业培训的实施。其次，要充分调动返乡农民工主动参与创业培训的积极性和主动性，提高他们对创业培训的重视程度，增强他们参加创业培训的主观意愿，使"需要我培训"转变为"我需要培训"。最后，还要加大对农民工返乡创业培训的宣传力度，各地宣传部门应当针对当地返乡农民工创业的不同特点，采取相应的宣传方式，让返乡农民工及时了解创业培训的重要性和相关政策规定。例如，可以充分发挥广播、电视、报纸等舆论媒体的作用，大力宣传返乡农民工进行人力资本投资并创业成功的典型事例，促使返乡创业的农民工了解创业教育所带来的益处。

处理好当前农民工返乡创业培训机制中存在的问题，结合政府的扶持力度，可有效地改善返乡农民工创业培训机制环境。这为农民工经返乡创业奠定了很好的基础。

通过分类解析创业环境，可以将创业环境的功能归类如下：

（1）有利于鼓励创业，塑造创业型社会。创业环境的首要功能是形成一种鼓励创业的环境导向，发展创业型经济，塑造创业型社会。

（2）有利于对创业形成支持，并提供创业机会。要发展社会环境，使得创业环境能够孕育创业机会，以便在多方面支持创业。

（3）使创业门槛降低，并使创业得到服务。通过降低创业门槛，使得创业环境服务于创业。

（4）使创业水平得到提升，使创业得到保护。为达到提高创业水平的目的，使创业者免除不安定因素对其的影响，创业成果和创业的过程应得到创业环境提供的直接保护。

第四章 乡村振兴背景下农民工返乡创业发生机制分析

近年来，中央1号文件都将"三农"问题作为重点，对农民就业问题更是颇为重视。自中共十七大报告提出"创业带动就业"政策后，农民工返乡创业成为当前政府和学术界关注的热点话题，成为推动中西部地区城镇化、工业化的重要途径，是以城带乡、以工促农的有效载体，是统筹城乡经济社会发展过程的必然结果，是一种客观社会经济现象。农民工返乡创业作为一种常态，是城市对乡里人歧视、排斥和农民工基于改变职业与自身发展双重压力所选择的结果，是个人技能、家庭因素、宏观经济社会环境的有机结合体，是返乡创业者对输入地与输出地收益分析后做出的理性选择。农民工返乡创业是统筹城乡经济社会发展过程的必然结果，是一种客观社会经济现象。当前，理论界和学术界对农民工返乡创业研究多集中于探讨农民工返乡创业环境及其评价、影响因素等方面。然而，农民工为什么返乡创业？创业动机与创业活动有什么关系？创业环境对创业活动的影响程度有多大？这些问题依然存在。在乡村振兴的背景下，大量农民工选择返乡创业，迫于环境和自身、家庭的压力更大，这一时期农民工返乡创业的意愿更强。因而，针对这一时期农民工返乡创业发生机制的研究有其必要性。

农民工返乡创业发生机制的过程大致是这样的：农民工在权衡自我条件的基础上，通过外部环境和自身资源的整合，转化为农民工返乡创业决策的过程。因而，农民工返乡创业发生机制构成要件主要包括动力机制和决策机制两类。国外针对创业动力机制及创业决策的研究已经取得一定成果。有学者以创业机会识别为视角，探究创业者创业动机的识别感知与创业评价过程。还有学者从创业动机入手分析创业活动的一般性规律，提出以"创业机会识别＋创业机会开发＋创业机会利用"为主线的创业过程研究主张。尽管学术界对于创业动机的研究处于初始阶段,但不可轻视的是,未来的创业学术研究中动机研究依然是研究的重要核心内容。此外,还有学者提出,创业者差异性的实质是创业者个人自身资源禀赋的外向性表现形式,这种差异性的实质会引导不同的创业决策机制。

第一节　农民工返乡创业发生机制分析

一、农民工返乡创业发生机制的现实分析

农民工返乡创业发生机制是在自我创业意识萌芽的基础上,发自内心地对创业利益追求的动机,在一定历史条件下,当创业活动能够带来巨大的物质利益时,创业者便会自发地向创业活动靠拢。这种无意识的利益追求状态转变为有计划、有目的的创业活动的过程,就是农民工返乡创业发生机制的过程。其中,农民工对利益追求的个人主观意识是农民工返乡创业的根本动机,是将创业意识具体转化为创业活动的动态变化过程。具体来说,创业者利用个人对动机的观察能力,在不断变化的外部环境中识别适宜的创业活动,当农民工返乡创业具备实际工作所需资源,这个过程就会进而转化为具体的创业活动行为。一般而言,人的现实需要往往是个人行为的主要原因和动力,对巨大的利益追求是各项活动的最终出发点,具体如图4.1所示。

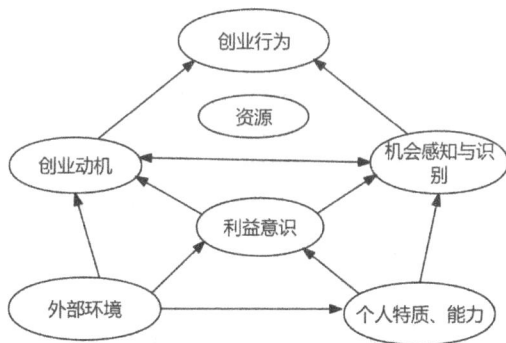

图4.1　农民工返乡创业发生机制模型

二、基于马斯洛需求动机理论的农民工返乡创业发生机制分析

马斯洛需求动机理论认为，人的动机发展与需求的满足有着密切的关系，需求层次存在高低差异（如图4.2所示）。第一层次的需求是生理需求，它是最强烈的、不可避免的最底层的需求，也是推动人们行动的强大动力，具体表现在个人及家庭的基本衣、食、住、行的需求。在我国，农业处于社会生产链条的底端，这种模式下的农民收入必然是低层次的，由此引发我国农民主要的工作任务便是满足家庭基本生活的需求。因此，农民工返乡创业者中绝大多数目的正是在此。第二层次是安全需求，要求劳动安全、职业安全、生活稳定、希望免于灾难、未来有保障。安全需求比生理需求更高，当生理需求得到满足后，每一个在现实中生活的人都会产生安全感的欲望、自由的欲望、防御的欲望。第三层次是社会需求，个人渴望得到家庭、团体、朋友、同事的关怀与爱护，是对友情、信任、温暖、爱情的需求，它比生理需求和安全需求更细微、更难捉摸。从第二、三层次需求可以看出，农民工返乡创业是在外部安全没有得到良好保证的情况下，在"家乡情"的巨大引诱下的个体行为，这是符合马斯洛需求层次分析框架的。第四层次是尊重需求，分为自尊、他尊和权力欲3类，包括自我尊重、自我评价以及尊重别人。第五层次是自我实现需求，也是人的最高级追求。从实际状况来讲，农民工返乡创业是在受城市人歧视、没有得到城市社会的良好认同、为了追求自我价值而进行的创业活动。

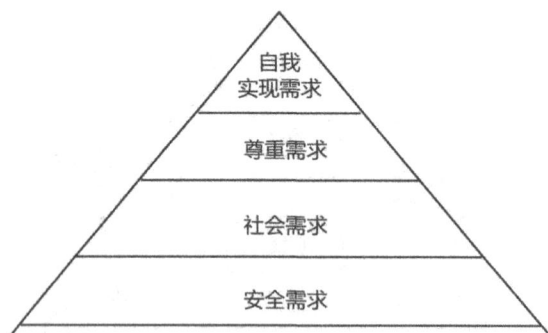

图4.2　马斯洛需求动机理论

三、基于创业意识模型的农民工返乡创业发生机制分析

衡量企业家的创业意识有两个模型：一是鸟形模型，二是预测创业意识的
ACE 模型。鸟形模型和预测创业意识的 ACE 模型主要用于探究创业者在创业意
识产生后的创业活动行为。通过模型分析不难发现，创业者是在自我创业意识出
现后的个人创业活动行为。这种创业意识并非自我的个人冲动，这种意识来源于
自我个人特质的有机组合以及外部环境的大力作用。外部环境包括政治环境、社
会环境、文化环境、经济环境等多个方面；个人特质包括个人以往的人生经历、
个人的自我性格、自我能力的不断积累等方面，其中，个人特质是基础、是内因，
外部环境的有利激励，促使创业者创业活动的有效发生。这种创业意识是创业活
动产生的必要步骤，创业意识的产生必须包括两个必备条件：一是思想观念，二
是精神面貌。两者的有效结合推动创业者对创业利益的内心需求与冲动，是一种
主观上的行为。一般来说，内心对于财富追求的动力越大，创业意识的无自觉状
态越深刻，创业者的创业致富能力越强，特别是为了追求利益而自愿付出的吃苦
耐劳、奋力打拼的意愿越强。总的来看，创业意识与企业家精神、创业自我精神
是高度一致的。如图 4.3 所示，创业意识是企业家意识的一种真实体现。

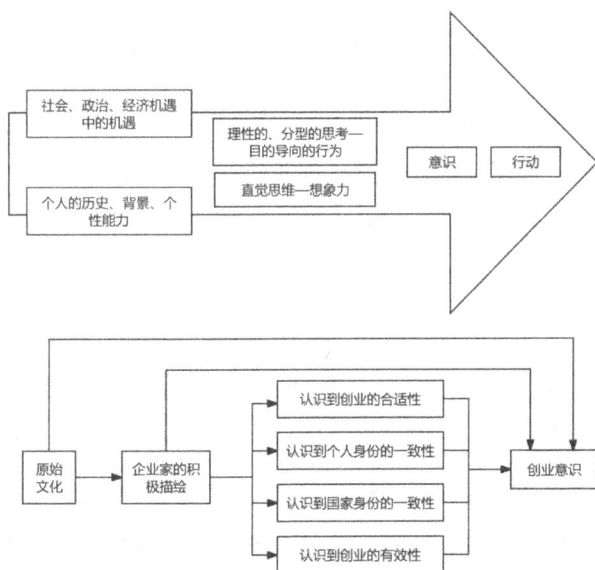

图4.3　创业意识模型

按照创业意愿分析该模型可以看出，农民工返乡创业的第一步是具备创业意识，这种意识来源于创业者常年的外部打工积累。从创业者打工历程可以看出，农民工进城务工初期，主要的打工目的是为满足自我的基本温饱而获得比务农更高的收入。随着务工时间的不断延长，对于社会的认识逐渐上升，特别是在自我意识觉醒以后，越来越感觉到自己处于天平的低处、同工不同酬的意识逐渐觉醒，这使农民工对于外出打工的期望越来越高。外出歧视和返乡的意识逐渐增强，此时，农民工会进一步探究选择返乡创业还是城市创业，需要对二者进行博弈权衡。按照意识的影响因素分析，外部环境此时发挥作用。这种环境具体表现在：政治环境主要来自历史的城乡二元体制的户籍分割制度模式下的农民工很难真正地融入城市生活；社会环境主要来自农民工外出务工的艰辛生活，城市人对乡里人的歧视、处于社会底层的生活条件以及城市对农村人的管理苛刻条件；文化环境是一种客观的社会条件，这种环境主要表现在农民工的乡土情思以及"落叶归根"的文化情结；经济条件是影响农民工返乡创业的重要条件，这种条件主要是来自农民工城市生活成本的不断增加以及农村自给自足的小农模式生活的挑战。此外，农民工选择返乡创业的另一个推动因素是来自农民工城市创业所需要的创业启动资金以及创业风险的扩大。由此可见，农民工选择返乡创业是一种合理行为。

四、基于创业激励机制模型的农民工返乡创业发生机制分析

创业激励机制模型从新企业创办入手，探究创业者自身激励与外部环境保障激励。该理论认为，创新是创业者进行创业活动的主要推动力量，各创业企业的总体特征都是创新的真实体现，创办企业就是创新活动开始的源头。无论创办企业规模的大与小、创新程度的高与低，创业活动的有效开展都是创新的真实体现。

农民工返乡创办企业的过程就是创新的过程，创新的过程就是新事业构建的过程，是创业者对新事业的向往。这种向往推动农民工不断突破原有思维模式，推动主体进行不断创新，进而走向创业领域的过程。改善农民工自我生活环境是农民工返乡创业活动开展最直接的机制和动力，农民工不断积累财富的同时，也迫切希望改善自我生活环境。这种环境的改善包括对自我生存环境的改善、农民自我收入的增加、追求自我个人理想和抱负等方面，改善自我生存环境、追求个

人创业能量与价值是农民工返乡创业的根本机制。外部环境激励是保障,值得一提的是政府的鼓励与支持,政府部门意识到创业活动的扩散效应。这种扩散效应带来社会效益的增加,如农村经济的快速增长、农村社会就业职位的增加等。因此,作为社会管理的重要主体,创业活动的社会效益是一种间接利益获取者,同时也是创业活动开展的有效促进者,政府部门鼓励与支持创业活动,创业活动反作用于社会利益。两者结合既保障了创业活动的有效开展,增加了社会效益,反过来又推动创业活动又好又快发展。

五、基于创业机会及其识别模型的农民工返乡创业发生机制分析

创业机会及其识别模型最早是由英国学者爱德华·狄波诺博士首次提出并对创业机会及识别过程进行了剖析。他认为,创业机会包括七大主要流程:① 寻找机会。机会往往处于隐蔽地带,需要创业者不断地进行剔除和识别,进入这一隐蔽地带,并对机会进行熟悉,选择适合自我的创业机会。② 明显的机会与隐藏的机会。机会分为隐性机会和显性机会,明显的机会可以通过外部环境的识别进一步掌握,而隐藏的机会,需要创业者通过不断积累,逐步认识并发展、获得。③ 拥挤的空间机会。随着人们意识的不断推进,市场的追随者和市场的开拓者慢慢地进入市场空间。随着二者的不断进入,原有的市场机会逐渐被发觉,市场原有空间变得越来越小。随着原有空间的缩小,市场追随者和市场的开拓者又会不断地进行市场的扩充,使得市场空间再次变宽。④ 利基的空间机会。市场空间的逐渐缩小和潜力的不断萎缩,经济效益不断下降,这时大型企业不再关注这一内容。相对而言,一些小企业将这种空间作为自我生存的空隙。在这种模式下,企业会进行市场策略的制定,并以此为基础进行市场交易,获得巨大的经济效益。⑤ 假机会。机会存在有其必然性,但是,由于创业者的认知和能力的把握,对于事物的认知可能存在偏差,偶然间存在一种奇思妙想的想法。在经过长时间的推敲和积累中,这种思想并不能长期地存在或者无法实现,这是假机会不断存在的情况。⑥ 觉察机会。并非每一个机会都能被创业者成功地把握,这种机会的把握可能是经过长期的摸索,不断地尝试失败的结果。在尝试失败的过程中,积累自我经验,在此基础上,才能对机会有更加整体、更加正确的认识。等待时机成

熟时，便能准确地把握机会并加以运用。⑦ 迟来的报偿。在资源条件、工作热情以及利益驱动下，创业者还会对创业进一步投资，以追求自我的理性收益。返乡创业农民工作为经济学中的理性"经纪人"，返乡创业活动的开展是在对收益权衡以后的理性选择。当这种外出积累的收入达到标准时，农民工会选择"搭乘末班车"的形式返乡创业。

第二节　农民工返乡创业动力机制模型分析

"推力—拉力"理论模型是分析农村劳动力流转的典型模型，为分析研究的全面性，笔者在充分借鉴相关研究成果的基础上，认为农民工返乡创业动力机制除流入地对农民工的推力、流出地对农民工的拉力以外，还应夹杂农民工本人自身所具备的条件和价值判断。这种对于自身条件的价值判断来源于打工期间积累一定的资金、技术、管理经验以及农民工本人所具有的强烈的创业愿望。这种力量作为农民工返乡走向自主创业的道路的巨大力量，构成了农民工返乡创业动力机制的内驱力量，可以称其为内驱力，再加上推力、拉力的共同作用，便能作出是继续留在城市打工、在城市创业或返乡创业的理性判断（如图4.4所示）。三种力量的有机结合模式下的农民工返乡创业发生机制更加符合中国社会的实际状况。因此，本部分从以下三个方面对农民工返乡创业的动力机制进行了分析。

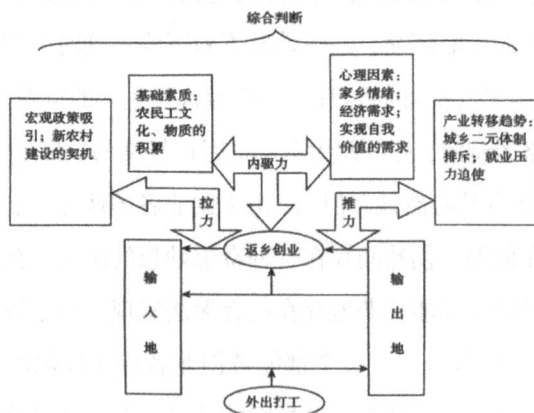

图4.4　基于"推—拉—内"理论的农民工返乡创业发生机制模型

一、农民工返乡创业动力机制的内驱力分析

马斯洛需求层次认为，当农民工从农村进入城市务工，其生理及安全需求。基本得到满足后，随着视野的开阔、思想观念的转变和收入的增加，能够使他们得到满足的不仅仅是经济方面的因素，还包括非经济因素。他们对生活有了更高的追求，进而期望获得社会及尊重需求，最终实现自我价值，而选择返乡创业。

（1）资本积累的驱动。资金和人才是创业活动成功的重要基础，社会、企业和市场是真正培养人才的大学，打工并不一定旨在获取报酬，打工者的成长更为重要。首先是资金的累积。进城农民工的薪酬水平普遍低于城市居民，但与从事农村传统的农业生产相比较则高。而农民劳动者原有的生活习惯决定了他们省吃俭用、勤俭节约的生活方式，花费少、收入高于过去，为他们积攒了一部分资金。从"离乡"到"进城"再到"返乡"，外出务工所获资金的积累可为农民工返乡创业提供更多的创业启动资金，启动资金对创业活动尤为重要，也能够缓解创业者融资困难的压力，农民创业者在创业项目上的选择空间、企业规模也因此扩大。此外，农民工在离乡进城打工期间学习了知识、拓宽了视野、掌握了技能和技术，其较为封闭的传统思想也逐渐被打破，人生观、价值观得到了提升，对新事物多了几分探索精神和接受能力。这正是一个企业家应具备的资质。较丰富的社会阅历和实践经验能够提升农民工人力资本的存量，使创业者拥有社会资本和专业技能的优势，降低了创业机会成本和创业失败率，在素质条件和物质条件上已基本具备了创业的条件。

（2）经济需求的驱动。从经济视角下看，农民工返乡创业是农民工在城镇与乡村两者推拉力量博弈中，对输入地和输出地收益相较后而作出的理性抉择。一方面，农产品价格呈走低趋势，务农的经济收益较低，进城务工农民工人均收入也要低于城市居民月收入，广大农民对现状不满足，迫切希望得到生活水平的提高、经济收入的增长、居住环境的改善。另一方面，为实现家庭效用最大化，因而对创业的高预期回报是农民工返乡创业最直接的原因。在预期利益驱动下，他们根据投资率和自身能力判断，觉得打工的预期目标要低于创业预期，所以回乡创业成为他们的选择。当他们掌握了技术、获得了收益，并将其与成本进行对比

后，意识到返乡创业所达到的预期收益较高时，农民工回流创业潮随之兴起。

（3）情感需求的驱动。据调查显示，外出农民工多年与至亲好友分离，心系老人和子女，尤其是在城务工缺少归属感。所以，他们大多有情系故乡、思乡、念乡的情结。因此，在创业地选择的决策上，多是家乡或邻近地区。他们对当地的人文环境、资源环境和投资环境等实际情况较为熟悉，可依托该地人力资源、自然资源、产业资源等资源优势，并将其有效整合。创业资源可分为两部分：环境资源和要素资源。两者相辅相成、相互影响，无论其参与企业生产的方式是直接或间接，于创业绩效而言都是积极的影响因素，有利于实现创业的成功。

（4）自我价值需求的驱动。从社会流动上看，农民工返乡创业是农民工通过外出打工形式进行自我身份提升。具体来说，农民工通过社会流动方式由打工者转变为创业者的社会流动过程，进而实现其自身再社会化，提升社会地位。从需要层次理论来看，农民工返乡创业是在满足自身低层次需要后为得到更多的尊重和理解，实现自我价值最直接的驱动力。这种需求除经济因素，还要求农民工进城获得成就、尊重、地位等社会需求的满足。当低层次需要获得满足后，对高层次需要的满足逐渐呈现，原有仅依靠的收入增加很难满足农民工的需求。农民离乡进城务工，受雇于人，通过努力和奋斗基本可以实现日常生活需求的满足。随着视野开阔和长期在受压迫、受轻视和受排挤的压力下，他们开始追逐自我价值和事业成功的实现，渴望通过成为创业者来获得社会的认可和尊重。

二、农民工返乡创业动力机制的推力分析

（一）产业转移趋势的推力

产业梯度转移是促使农民工返乡创业深层次的客观因素。2010年，国务院印发了《国务院关于中西部地区承接产业转移的指导意见》（以下简称《意见》），指出中西部地区要以市场为导向，转变经济增长方式，调整经济结构，集中产业布局，走科学发展、可持续发展的道路，因地制宜、实现本地区的良性互动。并着力于承接中发展，推动产业的优化升级，完善产业转移的体制机制。《意见》旨在指导中西部地区能够有序、健康地建立对发达的产业转移的惩戒机制，促进区域经济协调发展。

通过以往研究发现，我国农民劳动力流出方向集中于沿海城市和发达地区，伴随着发达地区的产业升级、土地成本升高、劳动力成本上涨、资源紧张、生产要素价格提高，外部不利因素的震荡使微利型劳动密集产业生存、发展能力下滑，产业升级与调整的"黏性"效应趋于弱化，产业政策逐渐偏向于高新技术产业，对一些低盈利能力、低产品附加值的劳动密集型产业限制土地的供给，使其开始向中西部转移。这种转移为返乡农民工提供了更多的创业项目和发展的平台，如特色的种养业、花卉苗木业、种子种苗业、农机跨区作业及精、深加工业等产业。中央政府推动经济增长、扩大内需的政策为农民工返乡创业提供了机会。同时，产业梯度转移形势的出现也表明任何国家及地区经济发展的水平不可能处于同等标准线上，新产品、新产业、新管理方式、新技术等大多来自高梯度地区。目前我国中西部地区，这些"新"事物也在低梯度地区出现。就内地与沿海现阶段的经济发展程度来看，沿海地区产业结构不断更新，以往低产品附加值的产业逐渐向内陆欠发达地区尤其是中西部地区转移。欠发达地区的劳动力、土地等低成本生产要素是该地区得以发展的优势，因此劳动密集型企业的转移便是顺应了市场的经济规律。此外，欠发达地区在通信、交通等方面的基础设施建设已基本具备了承接产业转移的能力。如黑龙江省自然资源种类繁多，全省有耕地990.5万公顷，居全国首位。其土地、能源、水等生产要素价格相对东部发达地区要低很多，特别是劳动力资源成本低廉而且供给充足。2011年，我国中西部城镇在岗职工平均工资均低于产业转出地北京、上海、广东等地，且低于东部大多沿海省份，低于全国平均水平的工资额对劳动密集型产业有着极强的吸引力，使得欠发达地区拥有极大的成本优势。因此，劳动密集型企业的转移便是顺应了市场经济的规律和产业转移的趋势，农民工返乡创业行为也应时而生，成为推动产业转移的主要力量。

（二）城乡二元结构的推力

我国城乡分割下的户籍制度、社保制度以及分层性的劳动力资本市场是城市对乡村产生歧视的根本原因。这种二元经济结构是我国特殊时期特殊阶段特殊的社会经济结构，它将城市劳动力划分成本地和外来两种。作为外来劳动力，农民工在城市多数企业中还不是稳定工人，享受不到政治、经济等与城市居民同等的待遇，依附户籍制度而存在的公共服务和社会福利等各项权利存在差异，融入城市存在障碍，从某种意义上看侵犯农民工的流动自主权，并被排除在权利享有者范围之外。身处城市底层，生活环境差、高房价、高房租、高消费水平、受城市人的排挤和轻视等使农民工对城市失去了信心。

二元体制结构涉及医疗、户口、教育、就业、报销等多方面制度。因此，进城农民工不仅在个人收入同城市劳动力方面存有差异，农民工在身份、教育、地位、福利、保险上的待遇也不尽相同。这种无形压力增加了农民工进城的心理成本、社会成本。一方面，不利于农村劳动力向城市转移；另一方面，使进城农民工很难融入城市，缺少归属感，因无法适应生活、工作环境差而产生回乡的念头，难以实现农民工的市民化。虽然目前一些地方名义上撤销了农业户口与非农业户口，但在迁移制度、福利制度上没有实质性改变。进城之后，他们的正常生活难以保障，通常从事城市人不愿接受的、最脏、最重、最危险、最累、最苦的工作，工资无保障、无同等就业权、拖薪欠薪、社保参保率低、社保转移接续难等问题普遍存在。2009 年劳动力市场统计调查显示，超过 60% 的农民工在从事劳动生产时没有和雇主签订正式劳务合同，更不用说雇主给他们缴纳保险，农民工的社会保障权益得不到保证。长此以往，便对城市失了信心。对于进城务工农民工来说，是否返乡创业的最大影响因素是输出地的创业环境好坏和对经济收益最大化的追求，为改变现状，实现经济和社会地位的上升式流动，他们走上了返乡创业的道路。

（三）就业形式的推力

首先，我国在金融危机影响下以产品出口为主的外向型经济企业的发展受阻，沿海地区许多中小企业纷纷倒闭，企业不得已停产、停工、裁人、裁员，城市就业压力不断扩大。除下岗职工，还有大量与企业分离的下岗人员，城市人力资源市场呈现出由短缺向剩余市场过渡的趋势，劳动力资源的优势逐渐演变成就业压力，农民工的择业空间受到压缩。于是，各地方政府为缓解就业压力制定了许多相对不合理的措施和政策，提高城市准入门槛，防止农民工过多占有城市劳动力市场，迫使进城务工农民工不得已返乡就业。其次，当城市资本的供给无法与农村转移来的劳动力相结合时，或者说劳动力转移的速度大于城市资本的聚集速度时，就出现了"农民工边缘化"的现象，大批农民工不得已返乡，再一次加入了失业的"隐蔽性大军"。最后，近年来国家不断加大对农业建设的投入，农业发展的各种条件不断完善，对劳动力的需求呈下降趋势。在社会发展的新时期，涉农领域就业的压力不断加大。随着市场经济体制的日趋健全，市场竞争逐渐正规化，作为传统劳动力资源大户的乡镇企业仅有少数尚可逃离厄运，转型而成现代企业。同时，对农业资本投入的增加使机械设备取代手工劳动逐渐形成一种必然的趋势，这提高了农业劳动生产率并减少了对劳动力的市场需求，使农村产生了更多从农业生产中抽离出的富余劳动力。

随着我国农村城镇化水平的不断提高，劳动力人口迁移流动也随之活跃起来。除此之外的城市劳动力剧增压力也在不断增加，近年来，随着我国市场经济体制的不断完善和国有企业整改工作的不断深入，原有的国有企业很难适应市场经济浪潮的冲击，导致国有企业体制、机制结构矛盾不断凸显，企业深层次矛盾不断加深，每况愈下。随着企业效益的不断减少，原有企业大量破产，企业员工不断涌向社会劳动市场。这些人群适应城市生活，对于城市经济发展和社会需要更加清晰，能很好地适应社会的需要。这些下岗职工大多数为熟练的产业工人，具备较高的专业技能，他们往往是城市其他企业需要的人才。对比这部分群体，农民工对城市的适应能力再度遭到冲击，迫使农民工压力不断增加。

此外，农民工受就业压力逼迫返乡就业时，即使有可供选择的乡镇企业，其薪酬水平也相对较低。所以，对那些迫切希望提高生活质量、改善经济条件的返乡农民工而言，创业是其最好的选择之一。

三、农民工返乡创业动力机制的拉力分析

（一）政府扶持政策的拉力

兴起于20世纪90年代中期的农民工返乡创业现象是我国经济转型时期出现的一种特殊社会现象。返乡创业是实现农民增收、解决农村剩余劳动力、完成新农村建设的有效途径，对社会的稳定、"三农"问题的解决和农村经济的发展有着至关重要的影响，党和国家对此十分重视，并在历年工作会议上予以强调。中共十六届三中全会把农村富余劳动力在城乡间的双向流动，与"三农"问题的解

决、城镇化的推进、市场经济的完善联系起来，引导人们从民生之本出发，从发展改革、城乡统筹的宏观视野去认识和处理问题。2018 年 1 月 30 日，习近平总书记在主持中共中央政治局第三次集体学习时强调，乡村振兴是一盘大棋，要把这盘大棋走好。[1] 2018 年 3 月 8 日，习近平总书记参加十三届全国人大一次会议山东代表团审议时提出，推动乡村产业振兴、人才振兴、文化振兴、生态振兴、组织振兴。[2] 2018 年 9 月 21 日，习近平总书记在中共中央政治局第八次集体学习时系统阐述了实施乡村振兴战略的总目标、总方针、总要求和制度保障。[3] 2018 年 9 月，《乡村振兴战略规划（2018—2022 年）》公布，对实施乡村振兴战略作出阶段性谋划，确保乡村振兴战略落实落地，是指导各地区各部门分类有序推进乡村振兴的重要依据。[4] 2019 年中央 1 号文件强调做好"三农"工作特殊的重要性，明确今明两年"三农"工作必须完成的硬任务，细化农业农村优先发展的政策安排。[5]

（二）乡村振兴建设契机的拉力

在乡村振兴战略下，各种帮扶政策激起了返乡创业的浪潮。与此同时，返乡创业带来的人力、物力和财力也大大地促进了乡村振兴战略的进程。在我国城市迅速发展的过程当中，通过比较城乡利益，越来越多的农村人口涌向城市就业和生活。据统计，2017 年我国农民工人数占农村人口的 49.69%，共有 28652 万人。由于受过高等教育，有知识和技能的农村年轻人大规模外出务工，因此出现了农民老龄化和农村空心化的现象，留下的是老人、妇女和儿童。近年来，我国的农村问题日渐严峻。

乡村振兴战略是实现农业现代化和全面建成小康社会决胜阶段的重要顶层设

---

[1] 习近平：《习近平在中共中央政治局第三次集体学习时强调深刻认识建设现代化经济体系重要性 推动我国经济发展焕发新活力迈上新台阶》，中华人民共和国中央人民政府网（https://www.gov.cn/xinwen/2018-01/31/content_5262618.htm）。

[2] 习近平：《习近平对实施乡村振兴战略作出重要指示》，中华人民共和国中央人民政府网（https://www.gov.cn/xinwen/2018-07/05/content_5303799.htm）。

[3] 习近平：《习近平主持中共中央政治局第八次集体学习并讲话》，中华人民共和国中央人民政府网（https://www.gov.cn/xinwen/2018-09/22/content_5324654.htm）。

[4] 中共中央、国务院：《乡村振兴战略规划(2018-2022年)》，中华人民共和国中央人民政府网（https://www.gov.cn/gongbao/content/2018/content_5331958.htm）。

[5]《近年来全面推进乡村振兴重要政策(部分)》，《光明日报》2019年4月1日第7版。

计。其中，实现农村共同富裕是乡村振兴战略的重要部分之一。要想积极地推动劳动力返乡创业，应该促进返乡创业环境氛围的优化，保持良好有序的社会秩序，建立公开透明的政策制度，优化政府职能和提高工作效率，塑造一个优质的创业环境。要建立健全返乡创业的帮扶政策，完善各种配套设施是返乡创业的前提，一个完备的基础设施条件才能对一些企业具有吸引力。此外，还应加强教育，组织培训，培育人才。

政府出台一系列创业帮扶政策和文件，鼓励有知识、有文化、有技能、有意愿的劳动力以及大学生等返乡创业。简化市场准入的程序，降低门槛，进行注册资本认缴登记和"先照后证"改革，深化"多证合一、一照一码"、"两证整合"、住所登记制等制度改革。政府积极进行协调并且布置相关部门建立起返乡创业的专门服务机构，实施"互联网＋政务服务"模式，使政府的工作效率得以有效提高，制定相关的政策和有效措施，大力推进返乡创业的发展进程。同时，要使考核调度制度得到加强，相关部门应该加大监督力度来促使各项创业的扶持政策真正地落实下来。另外，要更加重视提高创业参与率、创业存活率和创业资金使用率等指标，加强创业服务的平台建设，新增就业机会以及参保等政策措施。政府还应该加大创业资金的支持力度，建立返乡创业的专项资金，降低门槛，放开企业融资渠道以及一些地方的优惠举措，提高符合贷款条件的优秀创业人员和小微企业的创业担保贷款的最高额度，以阶段参股、存款支持、贷款贴息、配套扶持、首购订购、干部驻点等形式更加精准地扶持创新和创业企业，为落实好这些扶持政策奠定坚实的基础。

在实施乡村振兴战略的新时期，中国农村金融体系改革受到全社会的广泛关注。2018年中央1号文件《中共中央 国务院关于实施乡村振兴战略的意见》中指出"提高金融服务水平。坚持农村金融改革发展的正确方向，健全适合农业农村特点的农村金融体系，推动农村金融机构回归本源"。这为新时代我国农村金融体系的改革和发展指明了方向，推动农村金融机构将更多金融资源投向农业和农村，满足乡村振兴的金融需求，促进农村金融机构的发展。同时，提出"坚决破除体制机制弊端，使市场在资源配置中起决定性作用，更好发挥政府作用"。这表明新时期我国农村金融体系的建设要遵循市场的规律，充分发挥市场机制的资源配置作用。

由此可见，近些年农村各项设施都得到了很大的改善，为农民工返乡创业提供了相对较好的投资环境，吸引了更多回乡农工走上创业的道路。

第三节　农民工返乡创业决策机制模型分析

我国农民工返乡创业多是家庭决策行为。因此，从农民工家庭经济决策行为出发，分析农民工返乡创业决策机理，建立农民工返乡创业决策模型，并利用返乡农民工实地调查数据，运用 Logistic 回归分析模型，实证分析影响农民工返乡创业的决策机制及影响因素是必要的。

一、农民工返乡创业决策模型的建立

农民工返乡创业是指工业化和城镇化进程中进城务工的农民工，返回县城及乡镇，整合各类生产要素，创造经济或社会价值的行为。农民工是否愿意返乡创业，不是单纯的个人劳动供给决策，而是涉及家庭内部劳动分工与家庭成员之间劳动配置的决策，体现了家庭全体成员为追求效用最大化进行的理性选择。对农民工个体而言，往往面临多种就业选择，不同的就业选择给家庭带来不同的效用。因此，在比较效用的驱动下，农民工创业的选择取决于创业与其他就业形式给家庭带来效用的大小。农民工返乡创业决策函数可以设定为：

$$V = U_e(Y_e, C_e) - U_w(Y_w, C_w) \tag{4.1}$$

$U_e(Y_e, C_e)$ 表示农民工创业给家庭带来的期望效用，它受到变量 Y_e、C_e 的影响。Y_e 表示创业给农户家庭带来的正效用，包括农民工创业的预期收入，以及创业成就感、满足度等心理效应。C_e 表示创业给农户家庭带来的负效用，包括创业购买生产要素的成本、税收、承担的风险等。对于返乡的农民工，除了创业外，也可以继续外出打工或返乡务农。$U_w(Y_w, C_w)$ 表示这些就业方式给农户家庭带来的效用。只有农民工创业大于继续外出打工或返乡务农给家庭带来的期望效用时，农民工返乡创业才能成为可能。也就是说，当 V 大于 0 时，农民

工愿意返乡就业；否则，将继续外出打工或返乡务农。

由于农民工个人因素、家庭因素、行业因素、一般因素都会影响 Y_e、C_e 及 Y_w、C_w 等变量，从而作用于 $U_e(Y,C)$、$U_w(Y,C)$ 函数，最终影响农民工返乡创业意愿。如图4.5所示：

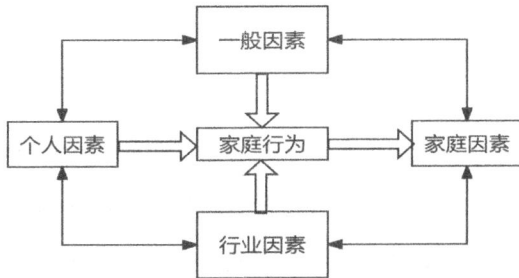

图4.5　农民工返乡创业决策机制及影响因素

二、农民工返乡创业决策机制指标体系构建

返乡农民工经过外出打拼和磨砺，积累了一定的资本，既了解城市生活，又了解农村现状；既具备积极参与乡村振兴建设的良好意愿，又具备较强的市场开拓意识和农村创业创新的能力，已然成为农村代表先进力量的新型农民。吸引农民工返乡创业的影响因素本部分从以下3个方面进行分析：

（一）内部因素

1. 心理因素

在农民工返乡创业中，心理素质是一个重要因素。农民工返乡创业必须要具备强大的心理素质。从创业者的自身素质来看，首先应该具备独立思考、判断、选择和行动的心理品质。创业既是社会积累物质财富和精神财富，又是谋生和立业。创业者首先要走出依附于他人的生活圈子，走上独立的生活道路。因此，独立性是创业者最基本的个性品质。其次，返乡创业农民工要有敢于行动、敢冒风险、敢于拼搏和勇于承担行为后果的心理品质。但是，农民工返乡创业在心理素质方面参差不齐，拥有冒险精神的农民工比例比较少。再次，农民工创业者一定要具备克制盲目冲动和私利欲望的思想品质，善于克制，防止冲动。克制是一种积极的有益的心理品质，它可使人积极有效地控制和调节自己的情绪，自觉控制和调节自身，遵从法律法规，使自己的活动在法律、社会公德和职业道德的约束下进行。最后，返乡创业农民工要具有坚强的意志。创业是长期且艰苦的，并不是一帆风顺的，要求创业者有百折不挠、坚持不懈的毅力和意志坚持到最后。外出阅历越丰富，返乡创业的可能性越强。农民工外出打工选取经济发展水平高、文化和风俗优越地区，农民工受到外界刺激越大，创业的热情越高，创业机会感知力越强，累计资本不断增加，创业动力也明显增强。

2. 文化因素

在农民工返乡创业中，文化水平是创业者不可缺少的一种基本属性。农民工文化教育水平比较低、创业项目的科技含量较低以及缺少应对各种风险的现实能力，导致了许多农民工在创业中失利。因此，提升农民工的文化水平，有利于创业实践的成功。如果返乡创业农民工的机会识别能力比较差，从而导致农民工在返乡创业初级阶段，会在一定程度上制约企业的发展。

3. 能力因素

在农民工返乡创业中，首先，要有善于与他人交流和合作的能力。通过语言、文字等多种形式与周围的人们进行有效交流与沟通，发现商业机会，可以提高办事效率，善于与他人合作，增加成功的机会。其次，返乡创业农民工要对农村市场有精确的把握，找到适合的有新意的创业方向。由于农民工文化素质比较低，导致其机会感知能力受到限制，不能很好地对市场机会进行把握，在很多情况下是模仿别人进行重复创业。但一味地复制已有成果并不能带来长期的收益。另外，返乡创业农民工在组织协调方面具备突出能力，对自己的事业有一个很好的把控，使其能够顺利地运行下去，否则会导致在创业初期企业管理混乱。一般情况下，"一技在手，前程无忧"，创业者的技术水平越高，创业成功的可能性越大，掌握技术则返乡自主创业更容易。另外，返乡创业者外出打工期间从基层做起，懂技术，但却很少懂得经营管理。返乡创业农民工普遍存在经营理念落后、产品研发能力低、企业管理无头绪、市场开拓能力差的问题，应对风险能力和市场竞争的能力较弱。

4. 家庭因素

许多农民工选择去到遥远的城市打工的最主要的原因是为了家人能够过上更

好的生活。

① 家庭耕地。通过对部分省份研究表明，家庭耕地越多，农民工返乡创业越容易。主要原因：耕地面积广，农民工返乡创办企业用地问题得以解决，为农民工返乡创业活动开展提供了便利。

② 社会关系最直接体现在资金的来源上。资金是企业生存和发展的动力，有效的资金是企业长久不衰的保障。资金来源渠道越宽，创业积极性越高；民间借贷越容易，创业的可能性越大。农民工返乡创业，大多数是个人行为，农民工返乡创业首要考虑资金。创业者的资金来源主要有 3 个途径：自有资金、亲朋借贷、信用借贷。经历数年的打工，农民工的自有资本不断增加，创业意愿明显增强。但农民工是弱势群体，自身经验短缺，能力不足，造成资金流失。亲朋间的借贷是资金的主要来源，社会网络有限性导致企业后续生产力严重不足；从社会关系的网络范围来看，范围越广，创业的可能性越大。

（二）外部因素

1. 社会环境因素

社会环境因素对农民工创业有重要的影响。首先，它是农民工具有创业精神的原动力。敢于拼搏、敢于冒险的价值观念对农民工创业具有很强的推动作用。其次，区域社会文化环境左右着农民工的创业意识。农民工创业过程中最为关键的因素是创业意识，它是创业风险意识、自信心以及成功欲望的体现，直接影响创业活动的发生。农民工传统小农思想的根深蒂固，成为农民工创业的主要思想障碍。农民工创业意识的形成主要受其所成长和生活的社会文化环境的影响，求稳和不安于现状、求发展是两种不同的价值观，前者对于创业意识的形成是消极的，它更多受到的是中国传统的重农尚农、重实际的务实精神，安土乐天的生活情趣和包含循环与恒久意识的变易观念的影响；后者则突出了发展，通过不断的变革和创新来改善生活环境，这种意识和价值观促使形成农民的创业概念，也是创新精神的动力。

2. 金融因素

农民工创业过程涉及农民工对创业领域的更多的投入，但是由于农民工收入低、自我资金积累能力弱，所以需要更有效的外部资金支持。在农民工返乡创业中，良好的金融支持可以很好地解决创业者的资金困难，从而让创业者能够对创业更好地把握，更好地提升创业能力素质。但是，由于农村金融改革滞后，造成农民工创业过程中贷款难、资金融通渠道受到限制，增加了农民工创业中的资金制约难度。从支持农民工创业的金融支持看，农民工创业融资政策要倾斜，增加农村资金供给，通过改革内部经营机制，改进服务方式、服务手段，既保证农民工在创业时能借得到、还得起，又保证创业信贷资金放得出、收得回。所以，良好的资金支持可以在很大程度上促进农民工更好地进行创业。

3. 农村建设因素

农村基础设施的日益完善为农民工返乡创业提供了有利时机和动力。建设新农村需要大量的年轻劳动力，有一部分农民工在城市看到了家乡需要他们，同时也因为思念家人，于是回到家乡，参与农村基础设施的建设中。随着农村基础设施建设项目的大力推进，农村的道路交通、水电改造等基础设施的逐步完善，为农民出行提供了便利，也大大提高了他们的生活水平，为新农村发展提供了物质基础，更注入了新的动力。这给农民工创业提供了良好的外部环境，也促使了农民工返乡。农民工开始比较家乡与城市的相关条件，并觉得支持家乡建设刻不容缓。可以说，农民工返乡创业离不开新农村的建设和家乡人民的支持。

4. 政策因素

促使农民工选择创业的相关政策措施主要指包括金融支持、教育培训、相关配套基础设施的提供等在内的一系列政府政策，这些政策措施也在一定程度上影响着农民工的创业行为。

5. 行业因素

行业因素是直接影响着农民工创办企业竞争能力因素。美国学者迈克尔·波特认为，影响行业竞争力的结构及其强度的主要有现有厂商、潜在的参加竞争者、替代品制造者、原材料供应者以及产品用户等。这5种力量影响着市场集中度、行业平均利润率，对农民工创业意愿产生影响。

（1）市场机会。机会识别是创业的第一步骤。农民工创业选择是一种经济行为，它受到市场的引导，当机会带来的利益远高于其他机会成本，即创业利益达到创业者预期目标时，会冒险抓住机会。

（3）市场风险。二元体制优先发展城市，信息的集散集中于发达地区；农村市场发育缓慢，市场不完备性致使市场资源配置欠缺，创业活动与市场联系宽松。创业农民工很难直接、多途径取得不断变化的市场信息。信息的快速变化与企业反应滞后之间的矛盾、行业结构和宏观经济环境的限制，会出现决策判断失误、盲目投资的情况，企业出现倒闭的现象。

（三）一般因素

一般因素是影响农民工个体与家庭决策的软环境与硬环境。硬环境包括地理环境、基础设施、自然资源要素。软环境主要包括经济、政治与法律、社会、制度、文化、科技、人口结构等。

1. 地区经济发展水平

GEM 模型的研究起点是地区经济发展水平，一个地区的发展速度及规模蕴藏着农民工返乡创业后潜在的发展机会。一个地区经济发展水平越高，创业机会越多，对于农民工返乡创业的吸引力越强。我国农民工返乡创业受到地区经济发展水平影响较深，一方面，返乡创业选择农业深加工行业，从原料的购进到售出，都具有完备的配套服务，企业获利较大。另一方面，有些地区属于经济欠发达地区，经济禀赋能力低，人才的大量流失成为企业发展的短板；工资待遇低、工作条件差，外向吸引力不足，流失率远高于人才引进率。

2. 政策支持

政策支持对区域创业活动的影响是直接的。农民工返乡创业是历史潮流，对农村经济的发展意义重大，政策支持有利于扫清创业道路的障碍，提供创业机会，激发创业者的积极性。但政府政策支持与实际执行存在矛盾，在实际基层政府决策者中，并不重视农民工创业活动。主要表现在 3 个方面：一是农民工返乡创业工作的边缘化。政府决策者好高骛远，发展的落脚点是招商引资的大项目，重点抓"西瓜"。自身承载力与大项目的要求相悖，承载力弱；农民工返乡创业是"小打小闹"，是"芝麻"，形成抓不到"西瓜"，又丢了"芝麻"的状态。二是优惠政策与实际执行的矛盾。随着国家连续出台中央 1 号文件，地方政府对农民工返乡创业也推出系列优惠政策，但并没有落到实处，打击创业者工作的积极性。三是"办事难"困扰着创业者。工商注册、税务登记等审批程序依然烦琐，办事部门效率低,"管""卡""扣"的"三乱"现象屡见不鲜,严重限制了农民工返乡创业的热情。

3. 距离城镇的远近

一般来说,距离城镇越近,农民工返乡创业的可能性越大,主要原因是城镇是农村人口、技术、信息的集合地,距离越近,城镇的辐射影响越大,创业机会越多。我国的农村公路建设已基本完成,在很大程度上弱化了这一因素的影响程度。另外,交通便捷程度高,促进了偏远农村创业活动的开展,有益于企业生产原料的采购和运输。

三、农民工返乡创业决策机制实证分析

(一)调查样本情况说明

为分析农民工返乡创业的影响因素,2010年7月,对吉林省扶余、双阳、公主岭,黑龙江省双城、木兰、通河6个县(市、区)进行抽样调查,选取了15个变量。共发放调查问卷300份,收回280份(回收率为93.3%)。农户为280户,共涉及劳动力1026人。其中,男性劳动力为564人,女性为462人,所占比例分别为55%、45%。从农村劳动力的受教育水平看,受访农民工平均受教育年限为7.8年。其中,受教育年限最短的为2年,最长的为15年。为满足指标选取的科学性、可操作性,对指标进行了量化分析整理,具体如表4.1所示:

表4.1 模型解释变量选择与处理说明

变量	变量解释	均值	标准差	最大值	最小值
农民工是否返乡创业(Ti)	创业=1,不创业=0	0.34	0.22	1	0
个体因素					
性别(x_1)	男=1,女=0	0.53	0.25	1	0
教育水平(x_2)	教育年限(年)	7.8	3.13	15	2
技能(x_3)	有=1,无=0	0.38	0.23	1	0
外出务工收入(x_4)	务工年收入(元)	11234	23178	109084	2 120
家庭因素					
对创业风险态度(x_5)	乐观=1,悲观=0	0.56	0.24	1	0

变量	变量解释	均值	标准差	最大值	最小值
财富积累水平(x₆)	家庭财富积累值(元)	10375	13209	340865	0
抚养比(x₇)	实际抚养比(%)	25.3	23.1	89.1	0
家庭社会关系 (x₈)	有=1,无=0	0.28	0.22	1	0
行业因素					
市场集中度(x₉)	高=1,低=0	0.56	0.24	1	0
行业平均利润率(x₁₀)	行业平均利润率(%)	5.32	14.33	33.9	1.2
一般因素					
当地经济发展速度(x₁₁)	经济增长率(%)	0.89	0.12		11.66.5
政策支持力度(x₁₂)	支持=1,不支持=0	0.43	0.23		10
距县城、集镇距离(x₁₃)	近=1,远=0	0.78	0.171		0

（二）实证模型

农民工返乡创业有两种情况：创业与不创业，即 0—1 型因变量，农民工返乡创业为 1，不创业为 0。故采用二元因变量的 Logistic 回归分析模型，它能把分类的因变量通过 Logit 转换成分类变量的概率比，从而将因变量的取值限制在 [0,1] 范围内，并通过采用最大似然估计法对其回归参数进行估计。

Logistic 回归分析模型一般为：

$$P = F（T）= 1/（1 + e\text{-}T）\tag{4.2}$$

$$T = \beta_0 + \beta_1 X_1 + \beta_2 X_2 + \cdots + \beta_n X_n\tag{4.3}$$

对公式（4.2）和公式（4.3）进行变换，得到 Logistic 回归模型：

$$ln[P/(1+P)] = \beta_0 + \beta_1 X_1 + \beta_2 X_2 + \cdots + \beta_n X_n + \in\tag{4.4}$$

其中，P 为农民工返乡创业的概率；$X_1, X_2, \cdots, X_n$ 为解释变量；β_0、β_1、β_2、$\cdots$、βn 为待估计参数；$\in$ 表示残差项。

（三）实证分析

使用 eviews 6.0 软件，采用强迫引入法进行估计，可得模型 1，距县城、集镇距离变量概率大于 0.05，不显著；剔除不显著变量，可得模型 2。模型 1、模型 2 估计结果，见表4.2。

表 4.2　模型估计结果

变量	模型 1				模型 2			
	系数	标准差	Z 统计量	概率	系数	标准差	Z 统计量	概率
x_1	0.856437	0.035882	23.86798	0.0000	0.854526	0.03599	23.74343	0.0000
x_2	0.675504	0.309574	2.182043	0.0291	0.675290	0.310006	2.178313	0.0301
x_3	0.075500	0.020828	3.624958	0.0003	0.086900	0.019635	4.42577	0.0000
x_4	-5.097193	0.729344	-6.988739	0.0000	5.192082	0.730677	7.105851	0.0000
x_5	-5.593959	0.872402	-6.412132	0.0000	-5.320821	0.885367	-6.00973	0.0000
x_6	1.625810	0.693882	2.343063	0.0191	1.829127	0.686382	2.664882	0.0286
x_7	0.097342	0.025831	3.768383	0.0002	0.103822	0.030851	3.365272	0.0009
x_8	0.759738	0.177663	4.276291	0.0000	0.759732	0.169743	4.475778	0.0000
x_9	-0.370257	0.118145	-3.133911	0.0017	0.392012	0.109774	3.571082	0.0006
x_{10}	-0.763100	0.338177	-2.256509	0.0240	-0.782213	0.342511	-2.28376	0.0230
x_{11}	1.426332	0.595038	2.397045	0.0165	1.9201733	0.594321	3.230869	0.0007
x_{12}	0.662541	0.153636	4.312413	0.0000	0.782213	0.153245	5.10433	0.0000
x_{13}	0.610179	0.478483	1.275236	0.2022				
LR统计量	15.54965				15.35742			
概率(LR统计量)	0.0000				0.0000			

通过表 4.2 可以看出，模型对样本的拟合度较好。与模型 1 相比，模型 2 部分变量显著性水平有所下降，但通过了显著性检验。

（1）个体因素对农民工返乡创业的影响。根据表 4.2 可以看出，性别对农民工返乡创业具有显著的正向影响。农民工回乡创业者主要是以男性为主，这是因为：一方面，我国存在传统的农村劳动力配置方式"男主外，女主内"的影响；另一方面，女性农民工因其生理、心理方面的原因，较之男性农民工处于更加弱势的地位，基于家庭分工比较优势下，男性农民工创业意愿大于女性。

农民工返乡创业与否与农民工教育水平、技能有显著的正相关关系。这是因为拥有一定的技术和经验的农民工，发现创业的机会也较多，创业的可能性就越大。同时，具有较高文化素质的农民工意味着具有较强社会适应能力，可以适应市场变化，抵御创业过程中面临的各种各样风险，一定程度上也可以激发创业动机。

外出务工收入对农民工返乡创业具有显著的负向影响。表明外出务工收入越高，农民工返乡创业的意愿越低。农民工外出务工与返乡创业是相互替代的，当外出务工收入较低时，农民工在理性决策下，可能会选择返乡创业。

（2）家庭因素对农民工返乡创业的影响。家庭对创业风险的态度对农民工返乡创业具有显著的负向影响。这可以理解为风险回避者期望投资量偏小，返乡创业难度降低，返乡创业的可能性越大；风险追求者期望投资较大，返乡创业难度增加，返乡创业的可能性也就越小。

家庭财富积累水平对农民工返乡创业具有显著的正向影响。目前，农民工创业的融资渠道单一，靠银行贷款，手续复杂，周期长，成本高，农民工没有担保和抵押，贷到款的可能性很小。虽然政府扶持，可为创业提供小额贷款，但受各种条件的限制，农民工能够贷到款的是少数，有的创业项目小额贷款额度也难以满足需求。部分金融机构对非公有制企业贷款存在歧视。缺乏金融支持，家庭财富成为农民工创业的主要资金来源。

抚养比对农民工返乡创业具有显著的正向影响。由于农民工返乡创业往往借助地理优势，选择离家较近、经济相对发达、交通较为便利、人口比较集中、有利于企业发展的乡村及小城镇。这一选择可以较好地解决"留守儿童"与"留守老人"的问题，同时也无形地增加了农民工外出务工的机会成本，增加农民工创业意愿。

家庭社会关系对农民工返乡创业具有显著的正向影响。这是因为目前农民工返乡创业难以得到正式社会组织支持，作为非正式制度的社会组织——家庭、家族、私人关系网，就成为农民工返乡创业支持系统的重要力量，为农民工创业提供资金、信息、技术和管理等方面支持。与没有一定社会关系的农民工相比，创业意愿也更强一些。

（3）行业因素对农民工返乡创业的影响。市场集中度对农民工返乡创业有显著的负向影响。市场集中度是对整个行业的市场结构集中程度的测量指标，它用来衡量企业的数目和相对规模的差异，集中体现了市场的竞争和垄断程度。市场集中度低的行业，市场位于较低层次的均衡状态，企业综合实力普遍较弱，企业间竞争处于低水平状态。在这类行业中，容易挖掘市场机会，较适合农民工创业。

行业平均利润率对农民工返乡创业有显著的负向影响。行业平均利润率越高，农民工创业预期获得的收益越高。然而，平均利润高的行业如药品、软件、通信等，一般为资本密集型或资金密集型行业，这些行业存在着较高的行业壁垒，对于技术水平不高、资金有限的农民工来说，进入难度是非常大的。目前，农民工返乡创业主要集中在劳动密集、技术要求不高的行业。

（4）一般因素对农民工返乡创业的影响。当地经济发展速度对农民工返乡创业有显著的正向影响。当地经济发展速度越快，农民工创业的机会越多，创业意愿也就越强。

政策支持力度对农民工返乡创业有显著的正向影响，政策支持力度越大，农民工返乡创业的可能性越大。这是因为返乡农民工创业，涉及工商、税务、银行、劳动、农业、国土、城建、公安等多个部门。这些部门在信贷、税收、用地、信息、培训等方面为农民工提供创业扶持、创业服务等，可以有效地分担农民工返乡创业风险，降低创业成本，提高创业成功率。

距县城、集镇距离对农民工返乡创业影响不显著、对农民工返乡创业与否没有直接的影响。

四、农民工返乡创业决策机制实证分析结果

研究结果表明，农民工返乡创业决策是由家庭成员共同决定作出的，是家庭全体成员追求效用最大化的理性行为。"个体因素、家庭因素、行业因素、一般因素"综合决定着农民工返乡创业的活动开展。农民工返乡创业对提高农民收入、促进农村城镇化与县域经济发展具有重要意义。政府应完善农民工创业环境，优化创业政策，建立农民工创业服务体系，为农民工创业提供支持。

第五章 乡村振兴背景下农民工返乡创业环境综合评价

第一节 返乡创业环境概述

一、创业环境及要素

（一）创业环境的概念

研究者对创业环境没有形成统一、公认的概念。创业环境典型代表学者：丹尼尔·弗葛尔（Dciel Fogel，2001）认为，创业环境是开展创业工作的总和，是一系列因素的结合体；池仁勇（2002）认为，创业环境是由多种因素相互组合、相互依托的整体，包括创业活动开展过程中，创业者可能遇到的业务流程、相关问题以及实践活动过程中能够利用的相关材料及方法等；张玉利、陈立新（2004）认为，创业环境是发挥重要作用元素组合而成的创业行为，包括影响人们进行创业实践活动的所有政治、经济、社会、文化因素以及获取创业活动业务帮助与支持两方面的可能性。基于以上创业环境概念分析，笔者认为，创业环境是能够对创业者起导向作用、对创业行为产生影响、对创业发展起重要推动作用的各种因素的总和。

（二）创业环境内涵的解析

从创业理论角度来看，创业环境是新概念。从广义上说，创业涵盖了各行各业的人们，推动事业前进的一切努力和行动，创业实际上就是"干事业"，而人们讲"艰苦创业"则是因为前进的道路坎坷，又由于创业的无止境，因而有了"二次创业"，而从狭义角度看，从无到有创建新企业就是创业。创业者具有创业理想和创业精神，在它们的指引和推动下，劳动、知识、技术、管理、资本等生产要素被组合起来，新企业被开创出来并进行生产性活动，新的产品或新服务则被提供出来。因而，干事业的环境和创办新企业的环境，是创业环境的两个层次。从环境和创业的关系来看，创业环境内涵丰富，创业环境有多种。笔者认为：

1. 理想的创业环境是良好的创业平台。这个平台可以为创业者提供助力，为创业提供所必需的人才、技术、资金等资源。虽然最终决定着创业成败的因素是创业者及其团队的智慧和努力，但在同等条件下，创业成功的机会，有可能由处于良好的创业环境得到提高。完善的市场经济体制、健全的创业服务体系、逐步深化的社会化专业分工，以及公正、透明、高效的政策环境，是创业活动平台被搭建的基石。

2. 作为公共资源的创业环境，在其优化的过程中，有两种途径可以选择：一是依赖市场，顺其自然；二是政府有意识地塑造和建设创业环境。由于创业环境的公共产品特性，不能避免市场失控现象的发生，因而要求政府加强职能转变、提供创业服务，发挥主导性的积极作用。

3. 要求社会创业关怀在创业环境中有所体现。创业从社会中来，又服务回馈于社会。因而，社会应形成人文关怀的创业氛围，尊重支持创业。发展先进文化，应以创业文化作为重要手段，使其成为创业环境建设的核心。

（三）创业环境的核心要素

创业是一个对外开放的系统，从创业活动的周期理论来看，创业的产生期、运行期、结束期都与创业环境相关联。对于创业环境的核心要素，可以从相关学者研究入手：

1. 国外学者。一位学者在 1994 年认为，创业环境有 5 个要素：财政支持、非财政支持（如提供服务）、创业技能及一些商业技能、社会经济条件、政策及创业活动的程序。另一位学者在 1995 年认为，创业环境因素包括创业主体够获取的各种资源、所处地区的大学与科研院所数量、地方政府的影响作用、民众对于创业所持有的态度以及技术因素、供应商因素、交通因素、人口因素等。一位学者在 2000 年通过对高科技创业行为分析认为，密集的社会网络、开放的人才市场、地区总体的社会文化氛围以及以地区网络为基础的工业系统构成创业外部环境。一位学者在 2003 年认为，政治、经济、社会等方面的环境可以成为创业环

境的几个重要方面。在 2005 年的全球创业观察（GEM）报告中提出创业环境有
9 个构成要素：金融支持、政府项目、政府政策、教育与培训、研究开发转移、
商务环境和有形基础设施、进入壁垒、文化和规范。美国知名创业大师马克·J.
多林格（Marc J.Dollinger）从创业者入手认为企业运营中的宏观环境包括 5 个方面：
政治和政府、宏观经济、技术、社会人口统计和生态。

表 5.1 创业环境核心要素

学者	时间	创业环境核心要素
Fogel	1994	财政支持、非财政支持、创业技能及一些商业技能、社会经济条件、政策及创业活动的程序
Gartner	1995	人口中近期移民的高比例、较大规模的城市区域、雄厚的工业基础、金融资源的可用性、工业专业化程度
Saxenian	2000	以地区网络为基础的工业体系、密集的社会网络、开放的人才市场、地区的社会文化氛围
Scott Shane	2003	经济环境、政治环境和社会文化环境
GEM	2005	金融支持、政府项目、政府政策、教育与培训、研究开发转移、商务环境和有形基础设施、进入壁垒、文化和规范
马克·J. 多林格	2006	政治和政府、宏观经济、技术、人口统计和生态
沈超红、欧阳苏腾	2004	创业政策、资金支持、非资金支持、经济条件、技能水平
葛建新	2004	政治、经济、科技、文化、制度
张玉利	2004	政治、经济、社会文化、政府政策与工作程序、社会经济条件、创业与管理技能、金融与非金融支持
蔡莉	2006	科技、人才、政策与法规、市场、融资及文化

2. 国内学者。沈超红、欧阳苏腾认为，创业环境包括地区的社会条件、经济
条件以及创业水平、管理技能。葛建新将创业环境概括为经济、科技、文化、制
度等多项内容构成的复杂系统，所有与创业活动有关系的因素都属于创新企业的
创业环境。张玉利在前人研究的基础上进一步指出，创业环境不仅包括影响人们
开展创业活动的所有政治、经济、社会文化要素，还包括创业工作的政府相关政
策、经济条件（市场、社会发展）、创新程度（创业技巧、管理技能）、金融支持

与非金融支持等。蔡莉认为，创业企业面临的外部环境包括地区的科技环境、人才环境、政策与法规环境、市场环境、融资环境以及文化环境6个方面。

二、创业环境的分类

创业环境的优劣直接影响农民工返乡创业活动的成败。在国家鼓励与号召下，各地纷纷出台了一系列扶持农民工返乡创业的政策，因地制宜的政策决定了该地创业环境的特点，笔者根据地域特点与政策倾向将创业环境分成以下4类：

（一）政策导向型

政策导向是指对创业活动具有实际与潜在影响的政治力量、有关的法律法规等环境。从政府对农民创业的政策和支持来看，政府政策对于我国创业活动的作用是有效的。政府创业政策是指激励创业者创业行为的政策，涵盖创业政策的各项规定、政府政策的扶持对象、利益主体等，特别是创业活动、创业成长、员工就业的环境和安全、从企业角度出发的组织形式、税收等。例如，2008年国务院办公厅转发人力资源社会保障部等部门《关于促进以创业带动就业工作指导意见的通知》（国办发〔2008〕111号）提出：以创业带动就业工作是新时期实施积极就业政策的重要任务，要通过政府的宏观调控，优化资源整合，为更多的创业者以及有创业意愿的劳动者创造一个优化的环境。国务院办公厅2008年下发了《关于切实做好当前农民工工作的通知》（国办发〔2008〕130号），通知要求各地：为使更多农民工成为创业者，需要通过服务保障和政策支持，以达到优化创业环境、扶持和鼓励创业行为的目的。其中要求各地：为推动创业活动的开展，在政策环境建设上狠下功夫，出台相关系统性的政策和法规细则，鼓励全民创业，提供良好的创业环境让农民工安心返乡创业。按照国家有关规定，为达到创业带动就业目标，对农民工返乡创业和投身新农村建设，应给予大力支持，同时抓紧制定具体政策措施，以引导、扶持掌握一定技能、资金的农民工返乡创业。为使得农民工创业门槛降低，在用地、收费、信息、工商登记、纳税服务等方面，地方政府应对农民工返乡创业给予更大支持。为农民工返乡创业开辟"绿色通道"，提供联合审批、"一站式"服务、限时办结和承诺服务得到推行。鼓励农民工返乡创业，发展农产品加工业、农村第二产业和第三产业、生态农业和县域中小企业。

各省份在国家的号召下纷纷出台相关政策，江西省出台《江西省人民政府关于鼓励支持和引导个体私营等非公有制经济发展的实施意见》规定：降低投资注册门槛，允许投资设立一人有限公司，并将注册资本降至 3 万元。2009 年安徽省在《2009 年全省农民工工作要点的通知》中强调：要进一步清理和消除各种阻碍创业的行业性、地区性、经营性壁垒，鼓励各类开发园区、工业集聚区和中小企业创业基地为农民工返乡创业提供支持和扶助，在已建成的再就业创业园必须面向农民工开放。要加快农民工创业园建设，在现有创业园的基础上，统一标准，集中力量再建 150 个农民工创业园，为农民工提供创业服务。福建省政府出台《关于支持福建农民创业园建设的实施意见》，提出要坚持用工业化理念发展农业、用先进科学技术提升农业、用现代经营方式拓展农业，创建福建农民创业园，提升特色优势产业发展水平。在政策措施方面，实施一系列税费减免，提供用地优惠；加强财政支持，创业园优先享受各项强农惠农富农政策，省级财政每年安排每个创业园专项资金 500 万元；比照台湾农民创业园扶持政策，在省级创业园内的农业企业、农民专业合作社、个体工商户，从事种植和养殖生产的，按农业生产用电标准下浮 30% 收费。

（二）金融支持型

我国农民工返乡创业企业资金来源渠道单一，企业融资难是创业者在创业过程中面临的最大难题，金融支持已经成为我国农民工返乡创业环境的"短板"。国务院办公厅下发《关于切实做好当前农民工工作的通知》，《通知》有针对性地提供具有引导性、鼓励性的创业型金融信贷产品，同时要求金融机构做好前期、后期服务。政府在解决创业资金困难问题的前提下，按规定给予财政协助，特别推出一款绿色通道式的农民工特色服务推广银行卡。

各地为改善农村创业资金问题也采取了许多积极的措施。安徽省在《全省农民工工作要点的通知》中要求：农民工返乡创业享受同城市下岗失业人员创业平等对待。为解决农民工返乡创业资金缺乏、融资难的问题，优先给予返乡农民工创业小额担保贷款。河北省农村信用社在 2009 年出台《农村青年创业小额贷款管理办法（试行）》，规定河北农村青年创业的最高贷款额度是 5 万元，并维持较低的贷款利率水平。广西壮族自治区政府颁布《广西壮族自治区促进全民创业若干政策意见》，意见强调加强对就业困难群体的创业支持，提出要充分用好 2009 年自治区人民政府设立的 10 亿元返乡农民工创业就业基金，水库移民和无地农民被视为返乡农民工同等享受扶持政策。在信贷扶持方面，实施开展"广西青年创业信贷扶持计划"，3 年内实现广西大中专院校毕业生、返乡青年农民工、城镇失业青年等群体创业授信担保 50 亿元，授信总额 267 亿元。针对农村青年创业，其小额信用贷款额度原则上控制在 3 万元以内。辽宁省总工会帮助农民工个人或集体自主创业，为缺乏资金的创业项目提供一定额度的创业"借款"。广东省阳江市出台的《"南粤春暖行动"工作方案》规定农民工回乡创业两年内免收工商登记费等。

（三）文化集群型

社会文化可以潜移默化地影响着人们是否选择创业、选择什么行业创业。地区的创业文化环境对创业者有很大的促进或阻碍的作用。胡明文（2006）通过对江西省上饶市万年县回乡创业现状的调查分析，表明制约农民工返乡创业的重要因素就是受传统思想观念的束缚，缺乏成长环境。米运卿（2006）从农民自身局限性、缺乏鼓励农民创业的政策法律依据、基层官僚作风 3 个方面论述了农民创业的制约因素，提出只有为农民创造良好的社会环境，才会提高农民创业的成功率。

（四）辅导培训型

教育培训是创业家发现并抓住商业机会和有效管理的基础，是开展创业活动的必要条件。加强创业教育，尤其是对刚刚成立的小企业进行创业教育，是当前国际职业教育改革的趋势。咨询培训的积极作用有两个方面：一方面，有助于激发创业激情，增强商业信心，引导农民工风险投资行业的选择，构建良好的移民创业氛围，帮助改善农民工创业的力量；另一方面，帮助农民工学到真正需要的行业技术和管理方法，农民工在实际业务过程中会遇到许多问题，如农民工需要把握育种应用的科学的研究方法、疾病诊断和疫情控制过程等。

江苏省政府在颁布的《关于促进农民就业创业的意见》中明确要求，建立并完善定点培训机构专业培训、用人单位根据需要创建自主培训、政府部门支持和监督的新型模式，充分发挥各类教育培训资源优势，加强对农民的职业技能培训、实用技术培训和创业培训，促进农村就业创业。河南省鹤壁市施行的《关于推动全民创业的意见》中明确要求把有创业愿望和具备创业条件的大学毕业生、复员军人、城市分离登记失业的工人和其他正在创业的农民工纳入创业培训范围，并可凭登记失业证明和毕业证（或复员转业退役证明、外出务工证明）等材料申请创业培训补贴。为完善创业培训与小额担保贷款联动工作机制，降低贷款风险，提高创业成功率，申请小额担保贷款的人员，必须先参加创业培训，取得创业培训合格证书。

三、创业环境经典理论

关于创业环境经典代表理论有资源依附理论、五维度模型和全球创业观察（GEM）模型。

（一）资源依附理论

组织理论的重要理论流派之一，资源依赖理论于 20 世纪 40 年代萌芽，主要研究组织变迁活动。70 年代以后，组织关系的研究中广泛应用了这一理论。1978 年，杰弗里·普费弗（Jeffrey Pfeffer）与萨兰奇克（Gerald Salancik）出版了《组织的外部控制》，书中着重介绍了该理论。该理论的主要观点是：由于组织不可能从内部生产所有的必要资源，任何一个企业组织都处于一种与环境因素相互依赖的关系。主要内容概述如下：

（1）由于环境的不确定性以及缺乏足够资源，组织为了保障自身利益，规避环境变化所带来的冲击，则会追求更多的资源。

（2）审慎的理性管理、选择性的积累和配置、战略性的产业要素以及不完善的要素市场，这些都是可持续竞争优势的源头。

（3）企业可持续性优势相互间的差异，可由可用资源的特性和战略要素市场来解释。同时，这两点也应是组织的目标集中处。

（4）所有人和组织消耗的资源，环境无法全部供应，因而那些可获得较多资源的组织，则可有较大的自主性，同时使其他缺乏资源的组织受到影响。

（5）创业组织不可能具备创业需要的所有资源，所有社会活动都是通过与外部的交流完成。自给的组织不存在，所有组织都需要与环境交换，从而获取环境中的资源以维持生存。这就是资源依附理论的核心假设。

（二）五维度模型

1994 年，格耶瓦里和福格尔提出了五维度模型。组织外部环境对创业的影响是这一理论研究的主要方向。创业环境的构成要素，就是所有外部影响因素的组合。这一套五维度模型体系是由影响因素构成的。这一体系包括 5 个维度，每个维度又有不同的指标，具体如表 5.2 所示。

表 5.2　五维度模型

项目	内容
政府政策与工作程序	对出口的限制、破产法的保护、进入壁垒、登记许可的程序要求、支持创业者的机构数量、监督创业的规章制度、保护财产所有权的法律
社会经济条件	公众对创业行为的态度、存在经验丰富的创业者、成功的创业榜样、存在有创业特性的人才、对典型创业行为的赞誉、小公司占公司总量的比例、经济活动的多样性、经济增长的程度
创业和商业技能	技术和职业教育、商务教育、创业培训课程、技术和职业培训课程对有效信息的鉴别
资金支持	风险投资资金、可供选择的融资渠道、低息贷款、金融机构对小企业的投资意愿、对创业者信用认证、金融机构间的竞争
非资金支持	咨询服务和基础设施、创业网络、孵化器设施、政府对小企业的采购计划、税收激励和减免、国内外的信息网络、现代交通设施

（三）全球创业观察 (GEM) 模型

全球创业观察，是由美国巴布森学院和英国伦敦商学院学者共同发起成立的，旨在通过每年创业活动率评估国际性创业研究项目。该项目的研究对象是创业活动的外部环境因素、创业活动与社会经济增长的关系程度。具体来说，探究不同国家、不同地区创业活动是否存在差别、创业活动与经济的增长，二者之间是否存在联系以及更高水平创业活动的影响因素是什么，可以采取哪些措施提高创业活动率。GEM 主要理论基础是影响国家经济增长的主要因素传导机制，主要包括以下 3 个特点：一是探究、解释并分析部分国家经济发展速度比其他国家快的主要原因；二是假设所有经济体的发展是在一个相对稳定的政治和社会环境；三是研究两套推动国家或地区经济增长的机制。GEM 对创业环境的分析综合了主流创业研究者的观点，它细致地阐释了创业环境的主要内涵，并在 1999 年率先提出创业概念模型。早期 GEM 理论分析模型将外部环境分为两类：一类是一般性环境因素，包括地区经济市场的开放程度、政府的国际地位、管理技能水平、技术与研发水平、基础设施建设状况、资本市场状况、劳动力市场状况以及各种机构建设是否完善等；另一类是影响着创业总体水平的创业环境因素，包括政府出台的各种鼓励与扶持创业的政策措施、创业项目、创业资金支持、相关创业教育与培训、研发转换状况、商业与法律环境、基础设施的可得性、国内市场的开放程度以及创业相关的社会文化氛围等方面。

2008 年，GEM 组织对创业概念模型进行了重新修订，此次修订综合考虑了10 年间创业理论研究发展的最新成果和发展趋势。在 GEM 修订模型过程中，对有关环境分析部分进行了较大修正。原有模型中，环境因素分为一般环境因素和创业环境因素两大类，而修改后的包括基础环境因素、效率促进因素和创业与创新因素。修订后的 GEM 理论模型同创业的关系更为直接、明确。GEM 修正模型的创业环境因素包括创业金融支持、政府的创业扶持项目、创业教育与培训、研发转换、创业相关的商业和法律基础状况以及进入壁垒 6 个方面。

笔者结合 GEM 理论模型的创业环境分析，认为创业环境主要因素是创业金融支持、政府的创业扶持项目、创业教育与培训、研发转换、创业相关的商业和法律基础状况以及进入壁垒等方面内容。具体包括以下 9 个方面内容：

（1）金融支持，是指新成立和成长型企业在获得金融资源上的可得性。主要包含了以下两方面：一是政府资助资金，包括各类产业发展计划基金，诸如国家和省市火炬计划、科技型中小企业技术创新基金；二是社会投融资资源的整合，如个人借贷等。

（2）政府政策，主要包括国家、省、市政府政策及其实施情况，牵涉到税收及政府规章制度等诸多方面。

（3）政府公共机构项目扶持，诸如政府开展对新创企业的优惠，这类对新创企业和成长型企业提供的项目支持等。

（4）教育和培训，诸如初等教育、高等教育、技术 / 职业学校，各级政府各个层次的教育和培训系统，以及是否有过创业 / 商业方面培训教育，是否开办过创业知识类培训等。

（5）研究与开发转移，主要是指在对新的商业机会的创造上研究和开发能达到多大程度，在新创立的小型企业和成长型企业中，研发是否能为其所用。

（6）社会中介机构，诸如那些咨询服务公司能够为新创业和成长企业所带来的利益，以及资源、服务费用能否被承担。

（7）市场开放程度，诸如孕育创业机会市场的变化，以及面对市场机会、商业贸易规定的稳定性；进入市场时，针对创业企业来说，是否存在行业进入壁垒。主要考察对象是市场透明度、政府建立市场公开体制。

（8）公共基础设施，主要包括有形的基础设施资源：交通运输、数据通信、移动网络、场地、土地。

（9）文化和社会规范，现存社会和文化规范对个人创业行为的影响，特别是对创业者个人评价态度，对失败、风险和财富创造影响程度。

第二节　基于 GEM 理论的农民工返乡创业环境因素分析

通过 GEM 理论模型对农民工返乡创业环境进行分析，使研究更加透彻全面，GEM 模型并没有区分不同创业主体间差异、面临的外部环境。但我们必须清楚明确地认识到：农民与土地是相互联系、密不可分的，农民工创业具有其特定的地区属性和地域特征，城乡二元结构又对农民身份进行了规范和限制，这些因素使农民创业与其他创业者之间存在明显不同。因而，农民工返乡创业环境分析，要重点考虑农民作为创业主体的宏观大环境和主体特殊性，尤其是在金融危机过后，我国农民工返乡创业环境发生巨大变化。从这个角度出发，笔者通过对 GEM 原有模型指标进行分析、剔除，将农民工返乡创业环境概括为以下几个层面。

一、经济支持系统因素

（一）经济增长水平因素

GEM 理论模型研究中，经济增长是一般国家环境条件和创业环境条件两套机制共同作用的结果，两套环境条件相辅相成。GEM 模型中，一般环境条件是创业环境条件的基础和保障。传统 GEM 模型研究过程中，经济发展水平不属于创业环境条件的一类因素，并没有对其进行分析和研究。然而，金融危机过后作为一种特殊的创业主体，农民工返乡创业活动所面临的外部环境与经济增长水平有着密不可分的联系。所以，分析农民工返乡创业环境时，有必要将经济增长水平作为农民工返乡创业的一个环境要素。农民工返乡创业活动受到经济增长水平的影响主要体现在创业机会上。产业结构优化升级和整合促使地区创业机会随之增多，区域产业结构发展形态受到区域经济发展水平的直接影响。随着国民经济不断发展，从整体上来说，尽管区域状况与空间经济发展存在不平衡现象，但其现状有利于农民工进行创业活动。农民工返乡创业的经济增长水平因素影响主要表现在以下 3 个方面。

（1）从经济增长水平对经济结构的影响来看，农民工返乡创业机会在一定程度上受到居民收入结构、购买力水平、城乡收入差距和产业结构层次等方面的影响。我国国民经济结构随着经济发展水平的提升得到不断完善，产业结构逐步优化升级，国民经济三大产业比重逐年完善。其中，第一产业比重呈现逐年下降趋势，而第二、三产业比重稳步增加，第二、三产业的发展为农民工返乡创业非农领域内提供更多的创业机会。

（2）从城镇化发展结果来看，随着经济和农业技术发展，农村出现了大量剩余劳动力，我国农民工就业基本目标是将农村剩余劳动力从农业领域转移到城镇化经济中，从第一产业向第二、三产业转移，在转移过程中会出现大量农村劳动力滞留局面。如果这一局面不能得到有效控制和迅速扭转，就会出现以下问题：一方面，不利于农民收入稳步提高、减缓农业现代化进程，甚至会影响到农村经济的繁荣发展；另一方面，还会间接阻碍和减缓农村消费需求，从而影响国民经济稳定发展。可以说，作为创造就业的一种渠道，城镇化所提供的创业机会直接影响着农民工返乡创业活动。城镇聚集和扩散是城镇化进程带来的两方面效应。首先，城镇化效应体现在聚集方面，城镇化是技术、资金、市场等生产要素的集合中心，有利于区域经济增长。通过经济发展，特别是小城镇规划，将乡镇企业等广大农村各类型企业吸引到农村来，这样可以实现资源有效利用和合理安排，加快产品升级换代步伐，使城镇经济繁荣发展。其次，城镇化效应体现在扩散方面，加快城镇化进程可以为农村剩余劳动力转移提供更为广阔的空间。我国城镇化进程在各地区有所不同，进程存在差异化等特点。东部农村地理位置优越，区域优势明显，所以城镇发展速度快。这在一定程度上增加了农民工的创业机会，同时也拓宽了农民工创业渠道，促进市场稳定发展，对农民工返乡创业具有很强的刺激作用，改变农民靠地吃饭的陈旧思想观念。而中、西部农村城镇化进程相比东部而言较缓慢，表现出区位、产业等方面的劣势，一定程度上阻碍了小城镇聚集效应的有效发挥，减缓了非农产业发展步伐，同时也就间接导致农民工在非农产业等方面创业机会的降低。

（3）从市场发育程度来看，市场发育程度越高，人们参与市场活动的愿望就越强烈，机会就越多，人们迫切要求改变自身陈旧和迂腐的思想，形成新观念和新思维。改革开放 40 多年来，我国已经逐步确立了市场经济体制，但由于地区之间市场发育程度存在差距，并没有形成全国性和统一性的大市场，再加上不同地区经济发展水平的不同和人们观念的差异化，西部地区市场建设相比东部地区有着明显差距，处于落后位置。所以，市场发育程度是影响经济增长水平的一个重要方面，同时也影响着农民工返乡创业活动的展开。

（二）金融支撑因素

金融支持是创业活动必不可少的经济支持因素，但由于我国农村经济不发达、金融体制不完善，其体制改革在农村出现明显滞后现象，这一现象导致农村金融服务供给问题和矛盾日益凸显。因而，金融支持在农民工返乡创业方面形势比较严峻。农民工返乡创业过程中，需要投入更多资金到创业领域里。然而，由于农民工的家庭收入一直不高，资金自我积累能力不强，资本基础较差。因而，需要更多外部资金的有效支持和利用。此外，农村金融滞后性比较严重，与市场经济发展不相符，加上现有贷款抵押制度的严格，国家土地制度方面的硬性规定，农民工不能通过将自身的土地经营权作为抵押这一途径来获取银行贷款。由于上述种种原因导致农民工返乡创业过程中出现贷款难等问题，加上不能及时将外部资金加以有效利用、限制资金的融通渠道等问题，无形中增加了农民工返乡创业资金制约难度。

创业过程中农民对资金的需求主要体现在两种渠道上：一是通过正规金融机构，二是通过非正规金融机构。正规金融机构单调化、行业垄断化和商业化等特点普遍存在于我国农村金融市场，正是由于正规金融机构的金融服务供给较单调，金融机构服务不健全，服务范围小、覆盖率低等问题，使得金融服务功能难以在广大农村地区得到有效利用与发挥。由于竞争有利于产品升级、服务完善，而垄断和准垄断类型的金融机构是缺乏竞争意识的，这样就会出现正规金融服务机构提供金融产品单一、规模较小等现象。这种情况的出现为非正规金融的间接介入提供有利条件，为非正规金融的出现和发展提供温床。正是由于正规金融体系存在上述问题，导致农民工信贷需求大多数依赖非正规金融机构。

二、宏观调控系统因素

（一）政府支持因素

政策支持对一个地区创业活动水平的影响非常重要，一直以来都是创业研究领域的一项重要研究内容。一方面，相关政策的出台和倾斜对相关创业项目、资源及技术向农村地区与农业领域流动有着推动作用，可以不断增加创业机会，攫取创业所需资源，大大提高农民工返乡创业热情和积极性，有利于引导农民工返乡创业的积极态度；另一方面，中国以往的政策体制因素已不符合现代经济发展，间接地增加了创业成本，严重影响农民工返乡创业积极性。国家出台了相关创业政策，并在一定程度上对农民工返乡创业加大倾斜力度，有效合理地解决了这个问题，由此提高了创业者在创业过程中的办事效率和创业成功率，推动农民工返乡创业工作的开展。

政府支持主要涉及政府政策和政府项目两个方面。政府项目是创业环境的一个独立要素，主要包括政府提供资金、政策支持的项目、为创业提供支持、服务和帮助的组织等，它是政府政策的形式化表现。目前，在农民工返乡创业活动过程中，政府项目并没有有效发挥其功能。当前国家已意识到这一问题，不断主张我国各级政府在态度上积极倡导并支持农民工返乡创业。由此可见，政府政策和政府项目是相对有效合理的，具体做法有以下3个方面。

1.对农村经济结构优化的扶持。一是以政府牵头，通过大量引进农业新技术，推广农业新品种，鼓励农民工进行农产品深加工，扩大农业生产规模，优化产业结构，发展多种经营和联合经营，鼓励农民工依靠土地资源这一优势在农业内部开展创业活动。二是主动拓展市场，为农民工返乡创业挖掘新渠道。三是资金方面给予扶持，由于信用体制还处于逐步完善阶段，有些方面还不健全，具体表现在两方面：一方面是信用社在资金充足的情况下担心贷款不能按时归还而不敢轻易放贷；另一方面是农民工想贷款却必须找关系、忙审批。所以，要通过发放农村信用社贷款，解决农民创业前期资金短缺的问题。

2.政府制定统筹城乡发展政策以及相关行政措施，为农民工返乡创业提供完善的保障和特殊的待遇，同时也提供相对公平的机会给农民工，鼓励其进行返乡创业。政府部门取消对农村劳动力进入城镇就业和创业具有限制性的地域、身份、户籍等政策，打破城乡二元结构，按照劳动者自由择业、政府促进就业和市场调节就业3种方式共同作用来规范城乡就业，为农民工接受新事物、适应新环境提供有利条件。

3. 乡镇企业工业园区建立农民工返乡创业的支持，工业园区的建立使企业和产业集中在规定区域内，有利于产业集聚效应和功能发挥，为农民工创业提供了更广阔的领域，为农民工返乡创业提供更多机会。

（二）政府和城乡制度因素

政府和城乡制度是影响创业环境的重要因素，通过制度创新活动来实现制度环境的改善是一种有效途径。所以，农民工返乡创业要依靠相关制度体系的建设和制度变革，创建一个良好的制度环境。

在社会保障制度方面，政府正在建立和完善最低生活保障制度。以农村社会保障制度为支撑，大力促进农民工返乡创业经济发展。一直坚持的"重城轻乡"的理念，随着生产力的不断进步、具体国情的不断改变，促使这一观念发生了变化，加大了对农村生活的关注度。其中，最主要的是加大了对农村社会保障的投入力度，使农民有了生活保障，从而大大提高了农村已有的社会保障水平。主要体现在政策、资金上对农民社会保障加大倾斜力度。同时，政府在农村医疗保险制度方面，为解决农民"看病难"的问题，正在努力构建针对农民的具有多层次、多种类的农村医疗保障制度，为农民增加了抵御疾病风险的能力。社会保障制度的不断完善为农民工返乡创业活动提供了保障。

在法律制度方面，正式制度最主要的部分是各种法律，法律是保障经济发展的核心内容，是衡量行为规范的一种标准和尺度。法治环境规定农民工返乡创业的权利和义务，为创业活动提供准确的保障，通过法律制度的一系列创新和完善，营造出有利于推动和保障农民工返乡创业的法治环境。

三、社会服务系统因素

（一）文化与社会规范

文化环境是衡量创业环境的重要方面，对创业活动具有重要意义，一个地区的创业文化环境对创业者有着很大影响，这种影响或是促进或是阻碍。文化环境主要是指城市特有的社会意识、价值观、道德观念、城市文化氛围和风俗习惯等状况。人们的行为和心理在一定程度上受到社会文化环境影响，由于文化背景和社会规范不同，会导致人们产生不同的行为习惯，同时也会引起观念信仰差异，在市场经济中，便会产生具有不同个人消费观和经营市场的原则及理念，从而形成各式各样的市场行为。农民工返乡创业活动和行为受到其所处地区文化与社会规范环境的影响。一方面，农民工家乡的社会文化环境影响创业者对创业机会的领悟和创业能力的感知，塑造返乡创业者的创业态度；另一方面，社会文化环境影响创业氛围，某种程度上影响着人们对创业者创业失败后的态度。在一个健康稳定的创业氛围下，人们对创业失败的态度是理解和包容，而在不良的创业氛围下，由于担心创业失败而遭受旁人嘲笑和贬低，返乡创业者会抑制其创业热情。

文化和社会规范环境对农民工返乡创业有着非常重要的影响：一方面，它是农民工创业精神的原动力。积极进取、勇于冒险拼搏的价值观念对农民工返乡创业具有较强的推动和促进作用。创业者对于创新精神的认识和理解凸显出我国东西部社会文化的差异。在经济发展水平相对较高的东部地区，人们更容易接纳外来文化和观念，相比中西部欠发达地区，东部地区认识程度以及接受能力较高。所以，生活在东部发达地区的农民创新意愿和创新精神较高，远远超过那些经济欠发达地区。另一方面，区域文化和社会规范环境影响农民的创业意识以及创新精神。创业意识是创业自信心、风险意识以及成功欲望的具体体现，在农民工返乡创业过程中也是最为关键的因素，直接影响创业活动的发生和开展。而农民工返乡创业意识的无知和落后，传统小农思想在农民心中根深蒂固，成为农民工返乡创业的主要思想阻碍。

（二）公共基础设施建设因素

农民工返乡创业过程中，从所需要的基础设施条件来看，地区间公共基础设施的差异在一定程度上影响农民工在创业过程中获取资源的最大限度。由于市场经济是相对自由公平的，所以在这种经济环境下创业者会自发将产品和服务聚集到拥有相对比较优势的区域。这样有利于农民工在创业过程中有效利用当地雄厚的基础设施等环境因素，降低创业成本，减少创业时间。随着经济的不断发展，产业发展方向的选择、科学技术进步的方式都会与一个地区公共基础设施条件有密不可分的关系。

四、技术培训系统因素

（一）教育与培训因素

创业是一个系统化过程，其过程也是非常复杂的，仅靠一时激情和一股热情是不能实现的，返乡创业农民工必须具备全方位的综合素质才能实现创业目标。创业是一个动态的发展过程，创业者自身素质决定他们对创业机会发现与挖掘、创业资源获取与整合以及企业创建后维持和管理等方面的深度与广度。由于中国农民工受教育程度较低和知识水平的限制、自身整体素质水平相对较差等原因，会出现市场营销观念匮乏、开拓创新能力差、短期行为严重、只注重眼前利益、缺乏长远眼光等现象，容易做出不符合市场需要和社会经济发展的判断与决策，导致相当大部分返乡创业者离成功创办一个企业还有相当大的差距，要想妥善经营更是难上加难。同时，由于返乡创建的企业多数是中小规模家庭式创业模式，有着品种单一、科技含量低、创新意识不强、经营理念不明确、管理水平有限、市场竞争力和抗风险能力薄弱等特点，导致返乡创业活动发展后劲不足。教育和培训则是提高返乡农民工创业综合素质的一条有效途径，是创业活动得以展开的必要条件。通过开展相关创业培训、辅导等服务，来改善并提升返乡农民工创业素质和技能，帮助提高返乡农民工创业成功率，增强其管理现有企业的能力。教育和培训不仅有利于创业经营者开展创业活动，也有利于创业经营者将发掘的契机变为现实中的商业价值。所以，创业取得成功的必要保证就是经营者受过良好的教育，并有一定的技能。

（二）研究开发与转移

研究开发与转移是影响农民工返乡创业活动的技术培训因素之一，研究开发与转移过程是否顺利直接影响创业企业的效益，从而影响企业的长远发展。从目标上看，研究开发转移是为了实现商业化和市场化，使企业获得利润，得到发展。然而，从过程上看，研究开发转移有利于创业效率得到提高，农民创业者在创业过程中掌握新技术，及时抓住商机。我国农民创业过程中，知识产权保护是在产品研究开发和转移问题上不容忽视的一方面。

第三节　农民工返乡创业环境评价方法与指标选取

一、评价方法的选取

针对创业环境评价，笔者从主观赋权和客观赋权评价法中各自抽取一种方法进行对比选取，探究使用哪一种更适合研究的实际情况。主观赋权法中的典型代表层次分析法，是20世纪后期美国运筹学专家萨蒂（Saaty T.L.）教授提出的一种定性与定量相结合的、系统化、层次化的分析方法。创业环境的评价是一个多元、动态、综合的过程，但层次分析法在进行农民工返乡创业环境因素考察时，需要专家打分，保证数据分析客观性比较困难。这是因为国内专家对城市创业环境探究比较深入，对农民工返乡创业因素相关研究了解比较匮乏，真实性和客观性无法得到保证。客观赋权法中的主层次分析法，是通过恰当的数学变换，使新变量主成分代替原变量的线性组合，并选取少数几个能代表原有具备多重相关性的主成分来分析事物的方法。数据分析较客观，更贴近农村创业环境的探究。另外，主成分分析法的指标选取可行性高，是比较成熟的多因素统计计量分析方法。

为完善研究分析结果，保证分析内容的全面性，将引入主成分分析和聚类分析。主成分分析基于 n 个变量的系数相关性，通过对矩阵的内部关联性研究，将复杂变量简明化，将 n 个变量整合成几个具有代表性的主成分因子，将初始的变量提取出主要成分，得出其与主成分之间的关联。

主成分分析的目的是降维，其过程是在复杂烦琐的变量关系中，选择出具有代表性的部分因子进行代替，从而简化明确所要分析的经济类型问题，客观且准确定位，克服主观人为因素影响，确保分析过程得出评价结果会更加准确、真实。

聚类分析研究更针对对象的特征。由于统计对象的多元差异性，有必要对它们进行归类分类。聚类分析的主体思想集中于定量分析，通过距离的定义，确定样本的差距；通过系数的相似程度，确定变量间的定义；最终，确定变量间的相似程度，以相似度的大小作为衡量标准，进行统一归类，根据关系疏远的程度，进行单位的分类，由小逐渐扩大、从关系近到关系远逐渐分类，全部分类完毕，形成集聚分析树形图。按照对变量以及样本的要求，可以明显地分辨出关系的亲疏远近。

二、主成分分析法基本原理

主成分分析法（principal component analysis）是由卡尔和皮尔逊在 1901 年提出的，1933 年霍蒂林对此方法进行了拓展。该方法是一种以降低变量维度为主要思想的数学统计学方法，精选观测的复杂变量中相互独立的典型代表因素来诠释全部的变量构成。具体思路：将相关性较强的多个指标转化为几个不相关的综合指标，运用少数几个互不相关因素来代替总体情况，也就是用几个有代表性的指标来代替原有的多个综合指标，这些相互独立的因素被称为主成分。采用主成分分析法对多指标进行评价，可以提高评价结果的客观性。主成分分析法各指标的权重不是人为确定的，而是根据综合因子贡献率大小确定的。克服了层次分析法与模糊综合评价法等人为确定权数的缺陷，使得综合评价结果更加客观。主成分分析法评价流程如下：

设一个系统共有 p 指标表示，而且这 p 指标中有些指标互相之间存在联系。主成分分析法就是要用几个相互独立的综合因素反映原来 p 指标的信息。若 p 指标是一组随机变量 X_i（i=1, 2, 3,…, p），采用线性组合方法可以表示为另一组随机变量 Z_j（j=1, 2, 3,…, p），Z_j 是 X_i 的线性组合，可表示为：

$$Z_j = \sum_{i=1}^{p} L_{ij}X_i + S_j \quad （j=1,2,3\cdots,p） \tag{5.1}$$

其中，S_j 是特殊因素。不考虑特殊因素情况下的主成分分析，是一种近似的主成分分析法，可表示为：

$$Z_j = \sum_{i=1}^{p} L_{ij}X_i \quad （j=1,2,3\cdots,p） \tag{5.2}$$

其中，变量随机组合排列后是正态分布，各因素的相关系数构成对称，形成的矩阵成为实对称矩阵，特征值对应的向量成为特征向量，其排列的顺序由大到小。

其中，Z_j 具有以下性质：

（1）Z_j 是 Y_i 的正交线性组合，Z_j 是相互独立、互不相关的。

（2）Z_j 的方差分别为 $V(Z_1), V(Z_2), \cdots, V(Z_p)$，若 λ_p，获得最大方差 Y_i，同时线性组合作为原变量，能够被 Z 解释，Z 作为其中的最大部分，Z_1, Z_2, $\cdots$, Z_p 依次被称为第一，第二，…，第 p 主成分。如果 j<p（j=1，2，…，p）的存在，条件是特征值，只有通过提取主成分综合体表变量，避免由于获得的方差不够大，原变量的解释能力降低。在实际情况中，可以反映原变量必须满足以下两种情况：一是 λ_{t+1} 不足 1，二是贡献率经过不断的累计要超过 80%。

主成分分析法应用步骤：

第一步，以初始因子为基础构建指标变量矩阵。某一时期，初始因子构成的原始指标变量，便成为一个矩阵，获得由原始样本构成的原始变量矩阵。

$$X = \begin{bmatrix} x_{11} & x_{12} \cdots x_{1p} \\ \vdots & \vdots \quad \vdots \\ x_{n1} & x_{n2} \cdots x_{np} \end{bmatrix} \qquad (5.3)$$

第二步，基于标准化原则处理原始数据。统一原始样本中抽取的数据构成的指标量纲，消除过于分散，见公式（5.4）和公式（5.5）。

正指标标准化为：

$$x_{ij} = \frac{x_{ij} - \min\limits_{1 \leqslant i \leqslant n} x_{ij}}{\max\limits_{1 \leqslant i \leqslant n} x_{ij} - \min\limits_{1 \leqslant i \leqslant n} x_{ij}} \qquad (5.4)$$

逆指标标准化为：

$$x_{ij} = \frac{\mathop{man}\limits_{1 \leqslant i \leqslant n} x_{ij} - x_{ij}}{\max\limits_{1 \leqslant i \leqslant n} x_{ij} - \min\limits_{1 \leqslant i \leqslant n} x_{ij}} \qquad (5.5)$$

指标经过处理后，n×p 是一个矩阵的标准化形式。

第三步，相关系数计算。经过量化转换之后，每两个指标之间的相关性通过标准化后的变量的相关系数体现，构建出矩阵。一个实对称矩阵的相关系数构成的矩阵 Rp×p 由指标变量构成：

$$R = \begin{bmatrix} r_{11} & r_{12} \cdots r_{1p} \\ \vdots & \vdots \quad \vdots \\ r_{p1} & r_{p2} \cdots r_{pp} \end{bmatrix} \qquad (5.6)$$

第四步，特征值计算、特征向量的获取。矩阵的特征值以及向量的获得采用雅克比方法。选择因素的个数由特征值决定，当各个主成分的方差以及累计的贡献率较高时，选择的因素更多。

$$\sum_{i=1}^{m} \lambda_i \left(\sum_{i=1}^{p} \lambda_i \right) \geqslant 80\% \tag{5.7}$$

第五步，计算系统综合值。选取每个主成分的方差贡献率为权数，将它们线性加权求和得到综合值 F，即：

$$Y_{kl} = \left(\lambda_1 y_1 + \lambda_2 y_2 + \cdots \lambda_m y_m \right) / \sum_{i=1}^{p} \lambda_i \ (k=1,2,3\cdots) \tag{5.8}$$

三、评价指标体系设计

以科学性、系统性、可操作性为原则，结合农民工返乡创业环境要求，根据 GEM 环境框架围绕经济支持系统、宏观调控系统、社会服务系统、技术培训系统的 4 个基本特征进行指标设计（见表 5.3）。

表 5.3　农民工返乡创业环境指标设计

一级指标	二级指标	三级指标
经济支持系统	经济增长	GDP总量
		第一产业增加值
		乡村总人口数
	金融支撑	金融机构人民币各项存款(年末余额)
		农村信用社人民币境内票据融资
宏观调控系统	政府政策	城镇固定资产投资额
	城乡制度	机关人员占全部从业人员比例
社会服务系统	社会和文化规范	城镇私营企业和个体就业人员占全部从业人员的比例
	社会中介机构	房地产开发本年完成投资、乡镇企业
	公共基础设施建设	交通、仓储、邮政业城镇建设项目投资
技术培训系统	教育和培训	文化、教育事业农村非农户固定资产投资额
		乡村个体从业人员数
	研究与开发转移	专业技术人员平均全年专利批准量

第四节　基于主成分分析的农民工返乡创业环境综合评价

一、样本数据来源及处理

笔者选取20个具有代表性的省、自治区、直辖市作为研究对象，以2011年《中国统计年鉴》数据为主，为消除数量不同量纲的影响，需要对数据进行标准化分析；一般采用Z-score法对数据进行标准化变换：S_j，其中 $x_j = \sum_{i=1}^{n}(x_{ij})/n$，i=1, 2, 3,…,20; j=1, 2, 3,…,13; 且标准化结果见表5.4。

表5.4　农民工返乡创业环境评价数据标准化分析结果

地区	GDP总量（亿元）	第一产业增加值（亿元）	乡村总人口数（万人）	农村信用社人民币境内票据融资（亿元）	金融机构人民币各项存款（年末余额）	城镇固定资产投资额（亿元）	房地产开发本年完成投资、乡镇企业（亿元）	交通、仓储、邮政业城镇建设项目投资（万元）	乡村个体从业人员数（万人）	机关人员占全部从业人员比例（%）	城镇私营企业和个体就业人员占全部从业人员的比例（万人）	专业技术人员平均全年专利批准量（%）	文化、教育事业农村非农户固定资产投资额（亿元）
北京	-0.110	-1.567	-1.603	2.446	1.908	-0.936	0.996	-0.485	-0.823	-0.438	-0.308	0.374	0.232
山西	-0.547	-1.123	-0.530	-0.002	-0.372	-0.745	-1.15	-0.017	-0.548	0.444	-0.902	0.060	-0.580
辽宁	0.276	-0.040	-0.666	-0.423	0.062	1.433	1.513	0.408	0.001	1.906	0.426	0.097	-0.851
吉林	-0.594	-0.629	-0.921	-0.741	-0.822	-0.375	-0.814	-0.748	-0.940	0.329	-0.478	0.181	-0.900
黑龙江	-0.443	-0.373	-0.636	-0.710	-0.661	-0.633	-0.885	-0.253	-0.703	0.857	-0.422	2.082	-0.706
浙江	1.100	-0.314	-0.373	-0.450	0.360	-0.110	1.114	0.437	1.086	1.410	1.390	-0.195	0.858
江西	-0.524	-0.471	-0.089	-0.614	-0.710	-0.266	-1.010	-0.961	0.117	0.504	-0.603	-0.797	-0.601
山东	20117	1.944	1.479	0.895	0.746	2.310	1.317	1.059	2.418	-0.268	0.877	0.910	0.628
广东	2.726	0.625	0.605	2.369	2.680	0.845	1.690	2.118	1.105	0.135	3.239	1.708	2.998
云南	-0.722	-0.573	0.246	-0.360	-0.632	-0.924	-0.833	0.169	-0.436	-0.530	-0.302	-0.167	-0.025
新疆	-0.881	-0.600	-0.942	-0.848	-0.859	-1.399	-1.338	-1.130	-1.186	-0.907	-1.051	-0.928	-0.685
安徽	-0.459	0.059	0.873	-0.640	-0.486	0.302	0.403	-0.986	-0.556	-0.756	-0.019	1.033	0.399

续表

地区	GDP总量(亿元)	第一产业增加值(亿元)	乡村总人口数(万人)	农村信用社人民币境内票据融资(亿元)	金融机构人民币各项存款(年末余额)	城镇固定资产投资额(亿元)	房地产开发本完成投资乡镇企业(亿元)	交通、仓储、邮政业城镇建设项目投资(万元)	乡村个体从业人员数(万人)	机关人员占全部从业人员比例(%)	城镇私营企业和个体就业人员占全部从业人员的比例(万人)	专业技术人员平均全年专利批准量(%)	文化、教育事业农村非农户固定资产投资额(亿元)
河北	0.152	0.904	0.943	0.764	-0.001	0.921	0.415	1.119	0.878	-1.154	-0.422	-1.127	-0.553
河南	0.389	1.867	2.100	0.308	-0.148	1.159	0.277	-0.261	1.165	1.985	-0.105	-1.015	1.038
湖北	-0.221	0.483	0.164	-0.653	-0.217	0.096	-0.177	0.072	0.110	0.275	0.193	1.269	-0.616
湖南	-0.215	1.078	-0.570	-0.310	-0.476	-0.088	-0.313	0.634	-0.302	-0.727	-0.115	-0.591	-0.275
四川	-0.116	0.823	1.473	0.458	0.208	0.485	0.350	1.554	0.855	-0.847	0.221	-0.782	1.552
重庆	-0.859	-1.000	-0.870	-0.641	-0.631	-0.622	-0.175	-1.115	-1.171	-0.913	-0.530	-1.035	-0.616
甘肃	-1.065	-1.087	-0.678	-0.843	-0.946	-1.451	-1.413	-1.609	-1.066	-1.303	-1.086	-1.077	-0.630
广西	-0.110	-1.569	-1.603	2.446	1.908	-0.936	0.996	-0.486	-0.824	-0.438	-0.308	0.374	-0.664

资料来源:2011年《中国统计年鉴》整理得到。

二、农民工返乡创业环境评价分析

（1）模型检验。进行农民工返乡创业环境评价必须要遵循科学、真实的原则，科学的指标体系必不可少。在模型构建之前，要对最初选定的指标进行筛选和完善。通过对数据的检验表明，KMO 数值为 0.653，大于 0.6，说明适合因素的主成分分析。

（2）主成分提取与命名。在旋转初始因子时，针对其载荷矩阵，选取最大方差法，即可得到针对于因子的方差贡献率。表 5.5 表明，F_1 解释能力为 56.808%，F_2 解释能力为 15.542%，F_3 解释能力为 9.598%，F_4 解释能力为 5.439%。4 个主成分的累计方差贡献率为 87.387% ≥ 85%，说明提取主成分充分保留原始信息，现对公因子命名如下：

表5.5　总体方差解释

要素	初始特性值			被提取的载荷平方和		
	总数	方差（%）	累加（%）	总数	方差（%）	累加（%）
F_1	7.385	56.808	56.808	7.385	56.808	56.808
F_2	2.021	15.542	72.350	2.021	15.542	72.350
F_3	1.248	9.598	81.948	1.248	9.598	81.948
F_4	0.707	5.439	87.387	0.707	5.439	87.387

主成分1（F_1）：主要解释为经济增长、金融支持。这两个指标反映创业经济环境，因此，命名为"经济发展因子"。各省、自治区、直辖市的经济发展水平各不相同，总体特征表现出经济发展的比重将对东北三省农民工返乡创业的因素产生巨大影响，经济发展程度将对返乡创业的趋势具有带动作用。

主成分2（F_2）：主要解释为政府政策、政府制度、城乡制度。这3个指标分别从农业科学、城镇固定资产投资、农业机关人员的比例、城乡居民的收入程度角度反映了政府的宏观调控是否协调。因此，命名为"宏观调控因子"。政府宏观调控对农民工返乡产生引导，政府服务和管理提升，鼓励农民工返乡创业。

主成分3（F_3）：主要解释为社会和文化规范、社会中介机构、公共基础设施建设。这3个指标分别从各省、自治区、直辖市的交通投资、固定资产投资、乡镇企业建设以及城镇私营企业和个体就业反映了各省、自治区、直辖市农民工返乡创业的社会服务环境。因此，命名为"社会服务程度因子"并体现返乡创业环境。

主成分4（F_4）：主要解释为教育和培训、研究与开发转移。这两个指标以各省、自治区、直辖市乡镇专业技术人员的专利批准量反映农民工返乡创业的教育环境。因此，命名为"教育因子"。

（3）主成分构成。主成分F_1、F_2、F_3、F_4，分别从不同方面反映农民工返乡创业环境水平，各主成分构成如下：

$$F_1 = 0.03x_1 - 1.84x_2 + 1.07x_3 - 2.25x_4 - 1.47x_5 + 2.24x_6 - 1.74x_7 + 4.96x_8 + 6.81x_9 - 1.39x_{10} - 3.49x_{11} - 0.28x_{12} + 1.24x_{13}$$

$$F_2 = -3.97x_1 - 0.6x_2 + 0.01x_3 - 0.28x_4 - 0.69x_5 - 1.02x_6 + 0.73x_7 + 1.49x_8 - 2.63x_9 + 0.05x_{10} - 0.14x_{11} + 0.33x_{12} + 1.53x_{13}$$

$$F_3 = -1.36x_1 + 0.46x_2 + 3.12x_3 + 1.28x_4 + 2.6x_5 + 1.52x_6 + 0.59x_7 - 0.03x_8 - 0.75x_9 - 0.81x_{10} - 0.95x_{11} + 0.13x_{12} - 2.2x_{13}$$

$$F_4 = -1.5x_1 + 0.5x_2 + 3.42x_3 + 1.4x_4 + 2.86x_5 + 1.66x_6 + 0.65x_7 - 0.04x_8 - 0.83x_9 - 0.89x_{10} - 1.04x_{11} + 0.15x_{12} - 2.41x_{13}$$

（4）计算农民工返乡创业环境综合水平 F，公式如下：

$$F = 0.5688 \times F_1 + 0.15542 \times F_2 + 0.095 \times F_3 + 0.054 \times F_4$$

农民工返乡创业环境标准化数据分析见表5.6。

表5.6 农民工返乡创业环境标准化数据分析

地区	主成分得分				综合得分	排名
	F_1	F_2	F_3	F_4	F	
北京	0.03	-3.79	-1.36	-1.5	-0.78	13
山西	-1.84	-0.6	0.46	0.5	-1.07	16
辽宁	1.07	0.01	3.12	3.42	1.09	5
吉林	-2.25	-0.28	1.28	1.4	-1.13	17
黑龙江	-1.47	-0.69	2.6	2.86	-0.54	11
浙江	2.24	-1.02	1.52	1.66	1.35	4
江西	-1.74	0.73	0.59	0.65	-0.79	14
山东	4.96	1.49	-0.03	-0.04	3.05	2
广东	6.81	-2.63	-0.75	-0.83	3.35	1
云南	-1.39	0.05	-0.81	-0.89	-0.91	15
新疆	-3.49	-0.14	-0.95	-1.04	-2.15	19
安徽	-0.28	0.33	0.13	0.15	-0.09	9
河北	1.24	1.53	-2.2	-2.41	0.6	7
河南	2.3	2.68	0.9	0.99	1.87	3
湖北	0.04	0.32	1.52	1.66	0.31	8
湖南	-0.4	0.66	-0.87	-0.96	-0.26	10
四川	2.13	1.19	-2.47	2.71	1.01	6
重庆	-2.65	-0.45	-0.81	-0.89	-1.7	18
甘肃	-3.85	-0.15	-1.44	-1.58	-2.44	20
广西	0.03	0.75	-0.41	-0.45	-0.77	12

资料来源：SPSS19.0计算整理得到。

三、农民工返乡创业环境评价结果分析

（一）农民工返乡创业环境评价总体情况

根据主成分分析法的结果可以看出，我国农民工返乡创业环境地区差异明显。排名第一的是广东省，农民工返乡创业环境综合得分是 3.35 分，排名最后的是甘肃省，农民工返乡创业环境综合得分是 -2.44 分，二者之间相差 5.79，说明我国农民工返乡创业环境差距较大；从农民工返乡创业环境正负指标可以看出，大部分省份的农民工返乡创业环境并不利好，有 12 个省份的农民工返乡创业环境低于 0，有 8 个省份的水平高于 0，说明我国农民工返乡创业环境整体并不稳定。

从表 5.6 中可以看出，农民工返乡创业环境综合得分中广东、山东、河南 3 个省份的 F_1（经济发展因子）所占的比重较大，分别为 6.81、4.96、2.3，可见地区经济发展因子对于农民工返乡创业环境影响最大；F_2（宏观调控因子）对各个省份农民工返乡创业具有影响，但并不明显，除河南的 2.68 以外，并没有特别突出的，尽管国家宏观调控力度大，但从基层实际执行力来看，并没有落到实处，这也是该因素情况并不突出的原因；F_3（社会服务程度因子）悲喜参半，有 9 个省份存在正相关，11 个省份存在负相关，其中东北地区辽宁省、黑龙江省、吉林省该因素影响突出，分别为 3.12、2.6、1.28，这些省份凭借中央及地方政府对农业的大力扶持，农村社会和谐程度高，创造出适合农民工返乡农产品深加工行业的创业环境；河北省为 -2.2，反向作用明显，反映出河北省农村社会创业氛围并不浓厚，这是因为河北省紧邻京津唐工业区，这些地区需要的农民工数量大，大多农民工会选择外出务工，放弃创业；F_4（教育因子）对东北地区影响较大，对中西部地区影响较小，对其他省份影响也不高。

（二）各个影响因素的分析情况

根据 F_1（经济发展因子）的结果看，经济发展因子对农民工返乡创业环境影响程度最高，其方差解释程度为 56.808%。这说明地区经济环境越是利好，农民工返乡创业越好。值得一提的是，该因素的主要构成成分为经济增长、金融支持，地区的经济增长作为地区经济发展指标是无可争议的；农民工返乡创业的影响因素关键在于资金，通过评价模型进一步证实了上述理论分析。

根据 F_2（宏观调控因子）的结果看，政府政策是地区经济发展的关键因素之一，其方差解释程度为 15.542%。从宏观调控因子的构成来看，政府政策、政府制度、城乡制度等情况对农民工影响深入，未来国家政策的出台对于农民工返乡创业环境具有较高的引导作用。

根据 F_3（社会服务程度因子）的结果看，对比经济发展因子、宏观调控因子，该因子的影响程度弱化了许多，其方差解释程度为 9.598%。这说明社会和文化规范、社会中介机构、公共基础设施建设对农民工返乡创业有影响，但影响程度一般。

根据 F_4（教育因子）的结果看，教育因子的影响程度是最弱的，其方差解释程度为 5.439%。这说明教育和培训、研究与开发转移对农民工返乡创业环境有一定影响，但不显著。这是因为我国农民工返乡创业主体知识水平并不高，大部分创业者知识水平处于同一阶段，返乡创业的创业者均具有一技之长。其主体的差距主要在于经营差距，对于该内容的培训显得很重要。

第五节 基于聚类分析的农民工返乡创业环境综合评价

对区域创业环境，采用聚类分析法进行划分。聚类方法选择 Ward 法，距离测试采用欧氏距离平方法，利用 SPSS 的系统聚类法（Q 型聚类），进行聚类分析。根据聚类结果，对于 20 个省份，可将它们划分为以下几个类型（见图 5.1）：

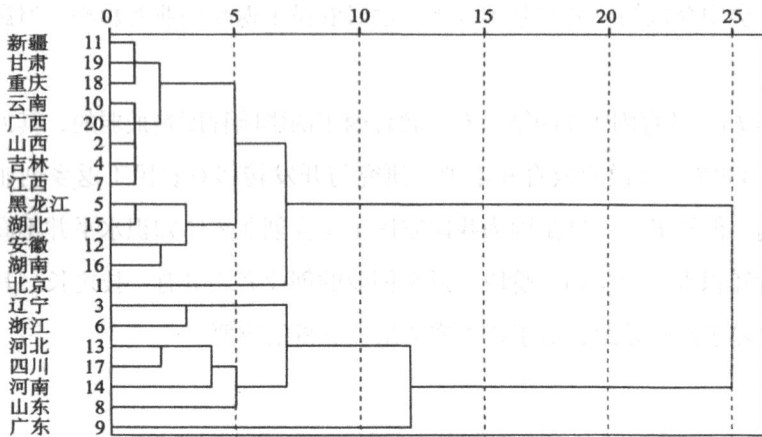

图5.1 农民工返乡创业环境聚类分析树状图

由图 5.1 可观察到，如果划分类别过少，对于类别之间的具体差异，则无法进行考察；如果选择较细的类别划分（分为 7 类或者 8 类时），在某一类别中所含省份过少，就不具有分析价值。在各类型之间，为了体现差异性，又使不同类型包含省份的均匀性得到保证，本研究将 20 个省份划分为 3 类，相对较为合适。结合表 5.7 可以总结出各个类别的具体特征。

从聚类分析结果可以看出，农民工返乡创业环境存在着明显的区域性。第一类（Clusters 4）的经济实力在 3 个区域的特征图中占据绝对优势，地域划分属于东部发达地区；第二类（Clusters 3）大部分省份处于中部、东北部，这些省份属于中国区域分类的中间地段，这些省份的农业发展情况良好，人口居多，很多省份都是我国的农业大省，一旦国家的政策环境利好，这些区域创业活动会如火如荼地开展；第三类是中国的欠发达地区（Clusters 2），主要集中于我国的西部地区，这些地区创业环境并不乐观。具体对 3 类农民工返乡创业环境分析如下：

表 5.7　农民工返乡创业环境聚类特征

实例	集群	实例	集群
1.北　京	4	11.新　疆	2
2.山　西	2	12.安　徽	4
3.辽　宁	3	13.河　北	3
4.吉　林	3	14.河　南	3
5.黑龙江	3	15.湖　北	2
6.浙　江	3	16.湖　南	2
7.江　西	2	17.四　川	3
8.山　东	3	18.重　庆	2
9.广　东	4	19.甘　肃	2
10.云　南	2	20.广　西	2

资料来源:SPSS 19.0计算整理得到。

第一类:经济主导型,主要包括北京、安徽、广东。这些省份的经济环境条件非常好,经济政策、人均 GDP、金融投资方面都有比较突出的表现。几个省的经济因子得分最高,为农民工返乡创造了很高的经济环境。

第二类:政策主导型,主要包括辽宁、河北、吉林、河南、黑龙江、四川、山东等。相对经济发展状况和典型的东部地区有差距,随着中部地区崛起、东北地区振兴等政策的推出,国家在这些省份倾向于农业政策。这些省份在政府的宏观调控下不断前进发展,主要以发展农业创业类型为主。

第三类:重点开发型,主要包括新疆、山西、湖北、湖南、江西、重庆、甘肃、云南、广西。这些省份大多地处偏远西部,农民工返乡创业环境不论是政策、经济、社会环境还是教育都不占优势,是我国农民工返乡创业环境开发的重点对象。

第六章　促进我国农民工返乡创业的
建议与对策

第一节　农民工返乡创业的战略目标

农民工返乡创业所要达到的目标，不仅要从促进就业、增加农民收入角度去思考，还要从更高的战略意义、战略目标上去理解。

一、最大限度地开发利用农村人力资源

充分开发农村人力资源的假设条件是：农民工选择返乡创业后，在城市务工期间和返乡后的人力资本形式能够得到更高补偿，获得的可支配收入也随之增长。据此，应该重视农民工在城市务工过程所积累的人力资本形式，大力促进农民工返乡创业，有效开发返乡农民工人力资源，以达到农民工返乡创业的战略目标——最大限度地开发利用农村人力资源。

做到最大限度地开发利用农村人力资源，能够有力地促进农村产业的合理分工。农民工利用在城市的企业工作中所学到的经验与技术返乡创业，有力地促进农村产业由单一的农业经济向第二、三产业转化，对当地的农村人力资源做出合理分工。例如，从苏南返乡创业的农民工利用在城市中学到的技术和积累的经验，回家乡农村办起了一个针织厂并联合30多家针织企业形成产业联盟。农民工返乡创业不仅有效整合当地农村产业，更实现农村人力资源的合理分配，最大限度地开发利用农村人力资源是农村经济发展的长期目标之一。

二、促进农村就业增长，实现充分就业

受经济结构调整的影响，许多沿海城市的劳动密集型企业面临着巨大的问题，其中大多数企业由于经营不善而倒闭。面对返乡农民工就业这一难题，解决思路就是大力推行农民工返乡创业，以创业带动就业。农民工回家乡投资办企业能有效地解决文化素质较低的农民就业问题，从而整体提高当地的就业率。

农民工创业初期，多选择技术含量较低的劳动密集型企业，其特点就是用工量大，适合专业技能水平不高、文化素质较低的村民就业。更具现实意义的是这些企业多数办在小城镇和乡村，可以使农民们不放弃最基本的农业生产。

例如，河南信阳的调查资料表明，在返乡创业农民工创办的企业中，很多雇员是 30 岁以上的农民，甚至有的职位的就业年龄达到 60 岁。这样不仅能极大地缓解当地的就业压力，更使当地的劳动力实现了充分就业。因此，农民工返乡创业不仅拓宽了返乡农民工的就业途径，稳定了农村就业结构，而且返乡农民工创办的企业吸收了一部分不能外出打工的劳动力，解决当地缺乏非农就业机会的农民就业问题，以创业带动就业是使农民就业和增收的新思路，是实现乡镇劳动力充分就业的新方法，是经济危机背景下促进农民工返乡创业的战略目标之一。

三、建立农村城镇化发展的有效机制

促进农民工返乡创业不仅有利于构建现代农业产业体系，拓展农村经济和产业发展空间，更会成为推动城镇化步伐的有效路径。改革开放 40 多年来，农村城镇化主要是依靠农民工外出打工实现的，出现地方政府所谓的"增大分母，减少分子"状况。但只靠农民工在城市打工所获的收入来增加部分农民的收入，是不能够增加所有农民的收入、不能完全改变现在农村的贫困面貌的。

乡村振兴大环境下的"返乡创业潮"把优势资源带回农村、不发达地区，为这些地区的经济发展提供重要契机。这种反流动机制可以把城与乡、发达地区与不发达地区的经济发展联系起来，形成城市带动农村发展的良好格局，形成农民工返乡创业带动乡镇协调发展的优良状态，这样的城镇化发展是彻底的。农民工在返乡创业过程中，可以依托进城务工时所掌握的各种资源，根据家乡经济特色，

整合自身所具备的物力、人力和财力；在政府支持下，从事种植业、畜禽和水产养殖业及农副产品深加工业，创办工商企业、从事现代服务业；可以影响和带动身边人一起创业，进而形成企业群，整体提升农村城镇经济规模和人口数量，逐步完善乡镇市场经济体系，活跃乡镇经济主体。因而，农民工返乡创业将是我国农村发展先进生产力的最直接推动力。

四、增加农村社会和谐，建设社会主义新农村

据统计资料显示，外出务工农民工是农村受教育程度较高的中青年农民，外流对当地的发展是一种损失，限制了户籍所在地的经济社会发展。促进农民工返乡创业，不仅是提高农民收入的有效途径，还能解决农村家庭留守儿童、夫妻长期分离等现实问题。农民工获得较高收入的同时也能解决家庭团聚、照顾老小等实际问题，促进了农村社会的和谐。

农民工返乡创业可以传播先进的政治和民主法治意识，有效地推动新农村的民主与政治建设；农民工返乡创业中有些创业者会进入村委会任职或担任领导职务，这在一定程度上提高了农村基层组织结构水平；农民工返乡创业可以促进新农村生活方式的改善，一定程度上能够在农村广泛传播市场经济意识或文化，为社会主义新农村建设注入新的活力；农民工返乡创业是传播现代文明、促进乡风文明建设的有效途径，农民工返乡创业不仅带回了先进的生产技术，还带来了崭新的思想观念和生活方式，有助于在乡镇中形成崇尚文明、崇尚科学、健康向上的社会风气，为新农村建设注入崭新内涵。由此看来，只有大力推进农民工返乡创业，才能切实有效地提高农民的整体生活水平，更为我国社会主义新农村建设的顺利进行提供重要保证。

第二节　农民工返乡创业的战略原则

一、权益平等原则

和谐社会的特征之一是公平正义、权益平等。在农民工返乡创业问题上坚持权益平等的深刻意义可以理解为将返乡创业农民工和普通市民同等看待。在社会待遇、劳动保护、维权服务等一些创业环节与城市居民拥有相同的待遇和权益。

要完善立法制度。从立法制度层面消除对农民工固有的偏见、歧视，使农民工和城市居民在创业过程中享有同样的权利。尽管《中华人民共和国劳动法》第十二条规定指出："劳动者就业，不因民族、种族、性别、宗教信仰不同而受歧视。"找不到对"身份"的说明，但中国特有的城乡户口分离制度使农民工长期享受不到平等带来的平等权益。因此，要从法律角度入手，消除歧视；树立全新观念，尊重农民工、理解农民工。城市的繁荣与发展离不开农民工的付出，在全球金融危机的影响下，最先受到影响的是农民工，农民工作为弱势群体，最基本的生活保障都很难提供。因此，要重视农民工的作用，同等对待。

坚持权益平等的原则，就是要着重解决对农民工的歧视态度，解决农民工在返乡创业过程中的经济利益问题，解决农民工的政治、文化权益的保障问题。

二、政府服务原则

促进农民工返乡创业问题不仅要完善法制体系，政府更有责任为其提供完善的创业服务。随着经济环境的改变，大量城市农民工失去工作，部分农民工选择返乡创业。此时，政府部门应改变原来重管理、轻服务的理念，改善农民工返乡创业环境，树立以人为本的科学发展观。坚持政府服务原则要求政府在对待农民工返乡创业的问题上切实地转变职能，有责任、有义务地提供全方位、多层次、及时和到位的服务，帮助返乡农民工更有效地创立乡镇企业。为农民工提供真实可靠的创业信息，根据市场需要提供相应的技术培训，保障返乡农民工的各种合法权益。除此之外，政府部门应该将管理置于服务之中，加强对返乡农民工创业的引导和鼓励，创造良好的创业环境和有利条件。

三、统筹兼顾原则

促进农民工返乡创业不仅是个别地区的问题，更具有代表性、全局性、长期性。所以，要解决这个问题不能只靠一个部门、一个地方的能力，需要中央和地方的共同合作，统筹兼顾。在促进农民工返乡创业问题上，一些地区处理效果好，积累经验。这时，更需要中央从整个政治、经济和社会发展的全局上考虑，采取更加有效的措施。对市场本身所具有的盲目性、自发性等经济结构的改变，需要各级政府对农民工返乡创业作出合理的引导，大力发展乡镇企业和县域经济，扩大农村劳动力本地就业的有效转移。

四、发展效率原则

农民工返乡创业涉及方方面面的问题，有效解决这些问题不仅受到农民工主观想法的制约，还受到社会各种客观条件的约束。这就意味着促进农民工返乡创业不可能一蹴而就，需要一定的历史过程。在解决农民工返乡创业的问题上，除坚持以上 3 点原则，还需要遵循发展效率原则。目前，农民工返乡创业在权益和制度上都存在不足，如果不尽快解决，不仅会影响农民工返乡后的自身生存、发展，还会对社会的和谐与稳定造成影响。因此，解决农民工返乡创业问题既要稳妥，又要讲求一定的效率。对于难以解决的问题，不仅不能忽视、放弃，还要尽快找到方法和思路，为探索今后的发展奠定基础。

第三节　农民工返乡创业的有效建议与具体对策

促进农民工返乡创业是"三位一体"的社会支持体系，是一项长期的战略部署，需要政府、社会和农民工三方面共同努力，建立和完善"以政府为主体、城市社会为补充、农民工自身不断完善"的长效机制。

一、改善创业政策，提供具有创新的资源优惠政策

（一）土地扶持政策

由于城镇化建设的加快，占地规模也随之扩大，农村的土地资源呈现出紧张态势。面对当前实行的土地指标严格限制政策，大量农民工创业面临土地供给不足的现实。这将严重影响到农民工返乡创业的效率，创业用地供给是农民工返乡创业的前提，应当予以重视并优先解决。对此，应采取以下措施来解决农民工返乡创业用地难问题：

1.将农民工创业用地纳入城乡发展和土地利用总体规划，并在市场规则的前提下，国家对返乡创业者应给予倾斜性的土地使用优惠，即通过财政补贴的形式，以略低于市场价格为其优先提供土地资源。此外，针对一些经济欠发达地区的实际情况，可适当扩大荒山、荒坡和荒滩等非耕地的利用。但要谨防借农民工返乡创业之名，乱圈地、乱占耕田。

2.结合当地实际情况，妥善解决农民工返乡创业用地问题。如充分利用小城镇和乡村非农建设用地存量，包括闲置土地、厂房，调整合并的机构、学校用地等。各地存量集体用地，在不违背用途管制和规划的情况下，可被返乡创业农民工直接用作创业用地。

3.在符合城乡规划、安全、消防、卫生、环保等标准的情形下，返乡创业者的家庭住房、临时性商业用房均可作为其经营场所。在返乡创业者创业项目遵循安全、不扰邻、无污染的原则下，经镇、村有关部门允许，可在宅基地的范围内搭建生产用简易房，并保证其供水、供电。

（二）完善服务扶持政策

进一步放宽市场准入条件，构建宽松和谐的创业环境，根据"法无禁止即可为"为原则，尽可能为返乡创业者创造有利条件，鼓励和支持返乡农民工进入各行各业。依据当地经济产业布局的总体规划，对农民工返乡创办的企业属于当地重点开发的行业或产业的，允许注册资本延期缴付或分期缴付。适当放宽住宅房商用的限制，同时又充分考虑居民安居和环境保护的基本需求，允许家庭住所、临时商业用房、拆迁规划区内的经营用房注册为企业经营场所。简化行政审批流程和手续，优化行政服务，大力推行一站式审批服务，努力打造高效、便捷的行政服务平台，实现服务标准化和程序规范化。认真督促落实国家、省、市公布的关于取消和降低收费项目、标准的政策措施，进一步规范、清理收费项目和收费行为，坚决取缔违规收费项目，严肃查处违规收费行为。

（三）完善税收扶持政策

各部门要认真贯彻落实国家支持农民工返乡创业政策，以税费减免为切入点，给予灵活的税收优惠，扶助和支持农民工返乡创办经济实体，鼓励支持返乡农民工创业。当企业具备承担税负能力时，再根据国家标准向其征收赋税。此外，现有税收优惠政策的适用对象多数是新成立的企业，在规定期限内实行减免优惠，超过规定期限就不能继续享受优惠政策。政府可以尝试将吸纳就业数量、税收贡献、企业对区域经济社会的贡献等因素作为衡量税收优惠的构成因素，并根据评选结果在一定时间内享受与新成立企业一样的税收优惠政策，依此促进企业发展，并激励其为社会做出更大的贡献。

（四）创新企业破产保护制度

创业需要在鼓励创新、包容失败、支持冒险、扶持弱势的制度保障下才能不断实现成长与突破。立法部门要结合中小企业现状，在企业破产法律体系中对破产保护进行制度创新，完善企业重整制度，放宽对创业失败者的限制，减少他们重新创业的制度障碍，减轻创业者的失败恐惧感，提高创业水平。通过这些举措，营造尊重创新创业人才、崇尚创业精神、支持创新产品、宽容创业创新失败的风气，使创业创新成为社会习惯，激发创业意愿与积极性。

（五）健全责任追究和激励制度

农民工返乡创业为区域经济发展带来活力，不仅是新农村建设的中坚力量，更成为推动经济建设的重要力量。为了保证政策的有力执行，应逐步建立健全行政监督与群众监督、内部监督与社会监督相结合的政府监督评价体系，不断改进工作作风，实现工作的透明与高效。一方面，健全严格的责任追究制度，着力加强对执法人员、执法活动的监督，明确责任，对被投诉执行政策不到位、若无其事的公务员一次投诉查实待岗，两次投诉查实下岗，三次投诉查实坚决辞退，对违法乱纪、破坏投资软环境的有关人员，应依法追究其相关责任，绝不姑息。另一方面，通过健全激励机制，要把服务农民工返乡创业工作纳入主管部门公务员的综合考评体系，研究制订具体考核办法，形成科学合理的绩效评价制度。定期进行个人述职、群众走访、上级考察，把工作态度、执行效率、执行成果作为考察的重要内容，把考核结果作为表彰奖励和干部选拔任用的重要依据。

二、营造创业氛围，形成尊重创业、热爱创业的社会新风尚

当前我国劳动力人口中，有创业意愿的人数总量少、比例低，社会仍没有形成尊重创业、支持创业、宽容失败的创业氛围。在这种情况下，应提高对返乡创业农民工这一群体的关注度，宣传成功的创业案例、汲取成功的创业经验，为返乡创业者提供具有较高参考价值的创业依据，强化创业意识，树立自强自立、自主创业、敢于创新、不怕风险的理念，利用巨大的传播影响力营造良好的创业氛围。

（1）加大舆论宣传，倡导农民工返乡创业。通过加大宣传，大力培养农民工返乡创业意识，努力营造"政府主导、部门联动、社会支持、群众参与"的返乡创业氛围，加深农民工对返乡创业的认识与了解，克服对创业的恐惧，激发创业热情。政府在建立创业宣传网络的基础上，充分利用电视、广播、报纸、网络等新闻媒体，尤其是以微博为代表的网络新媒体，进行电视节目宣传、政策专家解读、创业典型挖掘等多种形式宣传。注重农民工返乡创业引领效应机制的学习和模仿，被学习和模仿的对象成为关键因素。因此，应该重点宣传成功返乡创业者，发挥其先锋模范作用。通过成功返乡创业者的示范和带头作用，催化和激发更多农民工返乡投身参与到创业活动中来，并且为正在创业的返乡农民工增强信心，带来

希望与动力。

通过两条渠道强化农民工返乡创业成功的示范带动作用：第一条渠道是电视、广播等新闻媒体对成功创业农民工进行跟踪采访和互动节目，与其他有意愿的农民工返乡创业活动分享成功经验；第二条渠道是在政府相关部门和行业协会的主导下，举办企业家返乡创业经验交流会、座谈会和宣讲会，建立"一对一"帮扶机制。这不仅使已经创业成功的企业家能互相交流经验、讨论经济问题，更能针对当地农民工返乡创业过程中的具体问题、困难和特点进行交流和指导，零距离学习企业家的经营管理方法和创业经验，帮助双方"结对子"，获取宝贵的人脉资源，为以后长期联系与学习奠定基础。

（2）舆论不能一边倒，谨慎而乐观地看待农民工返乡创业行为。创业经验不足的农民工自身缺乏必要的经营管理知识，对市场形势也缺乏足够的了解，仅凭借一股子劲头，看到别人赚钱后急于照搬别人的创业模式，甚至不考虑自身情况和市场需求的做法是错误的。一旦产品销路出现问题，资金流中断，只能选择停业。政府相关部门要加强农民工创业风险教育，不能过分夸大农民工返乡创业效益，避免好心办坏事，更不因为一时政绩激励将不具备创业能力的农民工发动创业，避免带来无法承受的损失。

（3）包容创业失败，重在鼓励支持。尽管创业过程中，政府出台各项优惠扶持政策，但创业本身就如同蚕蛹化蝶是一个艰难的过程，尤其是农民工这一特殊群体创业行为更为残酷与艰难。在优胜劣汰的市场竞争机制下，机会与挑战并存，创业失败也在情理之中。农民工返乡创业抵抗风险能力较弱，一旦出现危机事件时，需要亲朋好友、乡亲邻里的支持鼓励。当农民工返乡创业面临生产经营困难和创业失败时，要以包容的心态去看待，不要冷嘲热讽，更不要落井下石、雪上加霜。

（4）加强组织领导，提高思想认识。一是将农民工返乡创业提到政府工作日程，科学制定促进农民创业工作的中长期规划。二是各级政府和部门应关心、尊重和扶持农民工返乡创业，特别是从事农产品深加工、种植养殖的企业，服务部门应在内部专门增设农产品深加工产业链条创业窗口。三是针对农民工返乡创业的需求，提高服务部门工作质量，在用地、收费、信息、工商登记、纳税服务等方面降低门槛。四是建立创业考核体系，要将全员创业活动指数、创业环境满意度、创业对企业成长贡献率、创业对就业的贡献率以及创业带动就业率等指标列入目标责任管理体系，作为对各级政府和领导干部的政绩考核内容。

（5）结合区域实际，构建农民工返乡创业的组织保障体系。设立农民工创业园，引导农民工选准行业，确立农民工返乡创业的经济主体地位；完善企业员工社会保障，建立补偿机制；加强小城镇与农村基础设施建设，优先考虑创业农民工子女入学、经济适用房等问题。

（6）增进创业教育。农民工创业教育并不在于通过教育使其创业，而在于使其知晓创业将面临的潜在问题及如何应对相应的问题。因此，农民工创业教育的目的应该是"让有条件创业的人最大可能地创业成功，让没有能力创业的人知道自己不适合创业"，要在促进一部分人成功创业的同时，避免一部分人盲目创业。

（7）为农民工返乡创业提供良好的行政服务。良好的行政服务是提高农民工返乡创业意愿的重要保障。一要进一步放宽市场准入条件，允许农民以土地承包经营权和林权出资设立农民专业合作社或家庭农（林）场，支持农民专业合作社跨地域、跨所有制和跨行业经营。二要简化农民工创业程序，简化创业登记手续，推进"一址多照"、集群注册等改革，简化审批程序，提高办事效率，切实节约创业者的时间和成本。三要完善农村社会保障，将返乡创业农民工纳入城镇住房、社保、医疗、教育等公共服务的范畴，切实解决返乡农民工的"弱势化"问题。四要建立农民工创业风险保险机制，这可以使他们在遭受意外灾害时，能得到保险救助，降低创业风险。

三、整合创业扶持资源，形成多方联动的创业新模式

当前，农民工返乡创业成为农村地区的普遍现象，农民从打工到返乡、从就业到创业的转变过程正趋于常态化。但不同地区的农民工返乡创业在人数和新创企业规模上也存在较大差异，河南、四川、重庆、湖南等劳务输出大省的部分地区农民工返乡创业已经逐渐形成规模，并发挥集群效应。这将突破一直困扰农民工创业的固定资产投资瓶颈，帮助返乡创业农民工减少创业成本、降低创业风险、提高创业成功率。

（1）搭建返乡创业主体平台，鼓励农民工自主返乡创业。当地政府可以参考并比照大学科技园和高新技术工业园，结合农民工返乡创业资金不足、经验较少、企业规模小的具体特点，建立农民工返乡创业工业园。在规划小城镇建设中预留部分土地用于建立返乡创业特色产业基地、返乡创业小企业基地，农民工返乡创业工业园区以加快科技成果转化、扶植安置返乡创业农民工为宗旨，采取管委会投资、政企共建、企业投资等多种渠道筹集资金，建设标准化厂房。工业园区对返乡创业农民工采取税收优惠、信贷支持、资金补贴、人才招聘等多方面支持政策，使企业的前期投入大幅度降低，将更多资金投入生产流通阶段，有效解决农民工在返乡创业过程中面临的瓶颈和困难，提高经济效益和创业成功率。

（2）鼓励与农民工返乡创业有关的政府机构、金融机构、科研机构、培训机构、行业组织和其他社会中介组织构建多方参与的农民工返乡创业服务体系，为农民工返乡创业搭建服务平台。政府要积极做好简政放权、切实转变政府职能，不该管的不管，该管的要简化流程、管住、管好。在实现农民工返乡创业过程中，创新创业服务体系，提高服务意识，提高工作效率，简化农民工返乡创业的行政审批手续，畅通工商、税务、土地使用等方面的绿色通道。为了帮助农民工解决创业过程中遇到的实际困难，地方依托金融机构、科研机构、培训机构和中介机构成立专门的创业指导中心和情报中心，为农民工返乡创业提供创业咨询、开业培训、信息服务、融资指导、企业诊断等全方位综合服务，使更多农民工成为创业者。

（3）建立健全返乡创业协会，集聚发挥群体能量。农民工返乡创业成为一种社会趋势的时间较短，创业活动很大程度上依赖于政府的支持与指导，并没有充分发挥专业协会的群体效应。根据"先发展，后规范，重质量"的指导思路，进一步加强行业协会的规范化建设，为协会成员提供全程跟踪服务，为其创业"把脉"和"诊疗"，为经营遇到困难的协会成员提供帮助，并作为返乡创业农民工的代表积极与政府进行沟通，成为"传声筒"和"扩音器"。

四、构建农民工返乡创业平台，营造公正平等的创业环境

要想保障农民工的基本生活需求，进一步促进农民工返乡创业的发展，各地方政府就要根据实际情况针对中小企业提供良好的创业环境，认真贯彻落实个体

经营税费减免、小额担保贷款等相关政策。依托农民工返乡创业这一形式，加以积极的引导和扶持，转变政府职能，把农民工返乡创业工作提到政府实施"三农"政策的日程，以全心全意为人民服务的态度取得返乡创业农民工的信任。农民工返乡创业不仅能够缓解由金融危机带来的大量农民工失业的问题，而且也能够利用我国推行"三农"政策的良好契机。因此，各地方政府应该顺势而为，促进农民工返乡创业的进一步发展。

（1）树立为返乡创业农民工服务的新思想，构建城乡统筹发展的新理念。国家要积极引导和鼓励各地方政府把农民工返乡创业作为一项重要任务，营造行政服务、组织保障和政策扶持三大体系。各地方政府要根据不同地区的实际情况详细了解农民工返乡创业所具备的特殊性，再按照农民工返乡创业的特殊性以及内在需求，从税收的优惠政策、创业的场地选择、金融的扶持方法以及就业再就业政策方面的贯彻落实，制定出科学合理的返乡创业机制。为了提高整体的办事效率以及行政服务实效，要进一步简化创业审批程序，农民工返乡创业是城乡人民共同发展的一项事业，要从全局出发，将目光放长远，通过调整自身的行政方式、机构设置以及人员配备，以此来保障返乡创业农民工的基本生活需求，提高返乡创业农民工的收入，促进城乡一体化的发展。要想使"无序发展"的劳务经济向"有序开发"的创业带动就业良性发展，就要努力提高公共服务水准，进一步建立健全公共服务体系，如此一来才能为农民工的返乡创业活动保驾护航。

（2）信息拓宽渠道，建立健全信息沟通机制。由于地处偏僻、信息闭塞，来自乡镇的返乡创业的农民工大多文化程度偏低，甚至从未走出农村经济发展思维模式从事创业活动，其主营业务不具有差异性，同质模式无疑对创业活动产生极大的负面影响。在当今市场经济条件下，信息就代表着财富，返乡创业的农民工要想扩大产品的市场占有率，谋取自身利益的最大化，就必须及时地了解和掌握市场信息，以抓住稍纵即逝的机会。这就要求各地方政府要全方位、宽领域、多角度地收集市场信息，再通过信息沟通平台及时把收集到的各种信息反馈给农民工，帮助农民工开拓市场，降低投资风险，把企业做得更大更强。

"互联网＋"时代，搭建完善的信息化服务平台，对促进农民工返乡创业具有良好的推动作用。政府要推进电子商务进农村综合示范行动，运用互联网信息技术，建立能够实现创业项目投融资、项目展示、电子商务等多功能一体化的互联网云平台，实现农民工返乡创业信息的便捷化、可视化，具体措施主要有：

第一，构建创业信息平台，发布市场信息内容。各地方政府一要积极发布创业信息，包括区域经济社会与产业发展信息、相关法律法规政策和市场信息、各类行政审批手续和办事指南的信息，政府及时发布，农民工及时、全面地掌握，最终实现项目与农民工的有效对接。二要做好信息化平台的宣传与推广工作，建立政府主导的创业信息网，重点利用手机、计算机等终端，积极主动地投送相关创业信息，供创业者交流学习，促进农民工在信息资源获取上的简约化、便利化。三要加大农村电商基础设施建设。加快农村互联网、交通物流设施、电子商务产业园等方面的建设，推动线上线下融合发展，为农村电商发展提供支撑，促进农产品销售、商贸流通等各类服务业发展。同时，返乡创业者应及时关注行业信息的变化，提前做好信息采集，更新企业所需行业信息，进行风险预测，规避企业运行风险。

第二，多渠道引进创业项目，通过创业项目展示区以及创业项目洽谈会等形式，为农民工提供市场发展投资少、前景好、见效快的创业项目，并指导返乡创业农民工制订科学合理的创业方案，以降低创业风险。一是以政府为主导，通过创新形式（如银农洽谈会、农民工返乡创业联席会等）建立"政—银—农"信息沟通机制，搭建政、银、农沟通三方平台，以此拓宽信息渠道。从意识上真正树立起"为人民服务"的良好态度，从行动上为农民工返乡创业活动办理相关创业事宜，减少并合理规范各类收费项目，简化审批程序和办事手续，实行联合审批，一站式服务。二是党和政府虽然把"全心全意为人民服务"挂嘴边，但却没有真正贯彻落实这一宗旨，表现在缺乏制度化和规范化、缺乏责任主体、缺乏操作体系与服务机制、缺乏责任指标体系，最严重的是缺乏质量评判标准，造成"全心全意为人民服务"仅仅停留在宣传层面上，缺乏与实际行动的结合。

第三，加强行政执法力度，坚决杜绝"三乱"现象，即乱收费、乱罚款、乱摊派。加强对有关政府单位领导的教育和约束，消除对返乡创业农民工白吃白拿、揩油水、索礼受贿的现象，努力营造和谐有序的氛围，为农民工创造一个稳定的生产经营环境以及公平的竞争氛围。为了保证相关行政部门执行有力，除了要加强监管之外，更要让返乡创业的农民工参与工作人员的质量服务评判，与工作人员的工资、奖金挂钩，如此才能真正改善和提高行政人员的工作态度和服务水平。

第四，适当放宽农民工返乡创业资金条件限制。重点要加大政策性资金支持，从政府的开发资金中设立农民工返乡创业专用资金，按照企业规模大小、风险抵御能力等，衡量权重，有重点地支持农民工创办的企业，为返乡创业者提供贷款利息较低、期限较长、覆盖面较广的贷款；加大财政资金扶持力度，增加财政专项补贴资金总量，并对吸纳当地劳动力就业多的创业项目给予奖励性补贴。

第五，正确处理农民工创办的企业与农村金融机构的借贷关系，给予农村信用社更多资金支持，扩大商业银行在农村的覆盖范围，推行试点工程，放宽农业银行和农村信用社信贷服务条件，安排财政资金给予创业担保贷款贴息，鼓励和支持各类金融机构积极做好农民工返乡创业的金融服务工作，加大信贷支持力度，运用杠杆手段解决返乡农民工创业资金不足问题，对返乡农民工创办的企业以及涉农、非农产业项目给予优先支持；扩大地方银行的资金储备，积极扶持"村镇银行"的试点工作，为新型农村金融提供依据；拓宽民间融资渠道，政府建立第三方担保体系，利用农民手中的闲散资金，在双方均愿意的前提下，政府充当中介，集零为整，搞活资金；实行家庭联保制，提供信用贷款；建立和完善贷款风险管理制度；大力推进"农村信用工程"建设，实行信用证制度和农户联保贷款制度，建立信用档案、评级发布和失信惩戒机制。积极参与农民工返乡创业项目发展过程，主动提供贷款审批、代管企业会计、免费市场信息等优质高效的创业服务。

第六，落实返乡创业定向减税和普遍降费措施，符合政策规定条件的，可免征教育费附加、水利建设基金等政府性基金，免收管理类、登记类、证照类行政事业性收费，对农民工返乡创业者从事适度规模经营流转土地给予奖补。同时，建立包含事前审核、事中审计、事后反馈"三位一体"的扶持机制，防止寻租行为，切实降低返乡创业者的创业成本，运用政府向社会力量购买服务的机制，向返乡创业农民工提供免费的公益性服务，帮助他们解决企业经营发展过程中遇到的各种难题。

五、优化创业金融服务，健全创业融资体系

金融机构是以营利为目的的一种企业组织，返乡创业农民工的创业抗风险能力较弱。所以，这些金融机构对返乡创业农民工放贷时一般会持小心谨慎的态度。因此，单方面仅仅依靠金融机构的扶持是不切合现实的。可以考虑从以下3个方面来完善返乡创业农民工的创业金融服务体系。

（1）创新金融业务与金融产品。农民工返乡创业一般具有起点低、起步迟、经营灵活、业务分散的特点，这就需要为返乡创业的农民工量身定做一些金融产品，创新金融产品、拓展金融业务。在贷款形式上，为小企业进一步完善现金理财以及资金支付等方面的金融服务。针对有技术、有发展前途的农民工返乡创业行为，采取抵押贷款组合、整贷整还和信用贷款的方式，延长还贷时间和贷款额度。在贷款业务上，要以风险控制机制与定价机制为基础，创新金融贷款业务。积极创新个人委托贷款业务、自然人担保贷款业务、固定资产抵押贷款业务、动产质压贷款业务和同一区域、行业、优质民营企业联保互保贷款等业务。

（2）建立健全农村金融服务体系。一直以来，农民工存款都被邮政储蓄带往城市，邮政储蓄被称为农村资金蓄水池。但是，这些资金都为城市的发展做了贡献，并没有为农村带来好处。所以，要引导邮政储蓄资金适时地返还补给农村，扩大自主运用范围，为农村的发展做出实质性贡献。广泛借鉴国外农村社区银行成功经验，把农村中小企业作为其主要目标客户，提供贷款服务，建立广泛稳定的民间筹、融资机制，鼓励中小金融机构发展，引导其他商业银行到乡村和城镇社区设立营业网点。

（3）发挥农村信用社的融资主渠道作用。农村信用社是与农民工联系最好的金融纽带，一方面，要保证金融机构放款放得出、收得回；另一方面，也要保证返乡创业农民工在有资金需求时能够借得到、还得起。大力发展乡镇、社区等银行，明晰产权，最重要的是明确农村信用社的主渠道作用，深化农村信用体系改革，放宽金融体制束缚。同时，还要建立符合农村经济发展的多层次、多元化的农村金融服务体系，发挥好新型农村金融组织的互补功能，并坚决地打击和压制以农民工返乡创业为名义的各种非法集资活动。

六、整合教育资源，建立创业培训机制

针对农民工的教育培训问题，从中央到地方各级主要有阳光工程、温暖工程、扶贫培训、品牌培训、职业技能培训五大培训项目。虽然政府部门随着政策的出台，先后采取了一系列的政策措施，但是仍然存在着很大的问题。第一，参差不齐的软件与硬件，培训机构使用的培训教材资料也鱼龙混杂，质量明显不高；第二，农民工的培训工作难以形成合力的主要原因是培训补助标准偏低、操作程序混乱、质量要求不严格和管理办法不一致，因此很难达到良好的效果；第三，开设的培训课程缺乏针对性，对农民工来说毫无意义，与他们的实际需求脱节。从上到下的系统管理使得工作任务和培训资金也按照一定的制度系统进行下达，经过下达，导致工作和资金分散的现象。为改变治标不治本的情况，从根源上解决这个问题，需要整合教育资源，建立培训机制。为全面提高农民工返乡创业的整体素质、适应经济情况变化需求，增强返乡创业农民工在市场经济条件下的市场竞争力，建立农民工培训档案与个人跟踪机制，针对农民工具体培训状况给予定期的信息反馈和效果评估，最终达到提高农民工整体的创业水平的目的。

（1）筹措培训基金。农民工的培训经费可以通过多个渠道来筹措，最终以确保培训活动的顺利开展。首先是政府的财政支持，政府要将国家财政用于"百万农民工大培训"活动的经费进行层层分割，然后统一安排下发；其次是职工的教育经费，每年都要有职工的专项教育经费，这其中包括对农民工的培训经费，企业通常会参照职工教育培训经费的提取办法来统一安排农民工培训经费的使用，同时加强使用监管；最后是社会筹措，所谓社会筹措就是指借助培训基地进行培训、编印学习资料或者使用多媒体教材开展企业培训等。

（2）营造培训网络。农民工文化素质普遍偏低导致自身的职业技能水平不高、缺乏安全生产意识、不能有效地维护自身权益。因而，可以通过营造培训网络让农民工切实感受到参与学习培训的益处。各级政府可以通过营造"农民工技能培训基地"和"农民工创业培训基地"，加强监督规划、规范群体管理，体现点多面广、分层培训、内容丰富的特点，最终建立起农民工培训网络。扩大职业教育影响力，加快发展职业教育，将创业教育作为职业教育的一项重要内容，加强农村劳动力

转移的职业培训，特别是技术工人的培训。

（3）分类指导农民工培训。一是专项职业技能培训，农民工可以利用优惠政策和扶持政策，考取专项职业资格证书，提升农民工本人的整体素质，满足农民工本人的实际需要；二是"订单式"培训，根据返乡创办企业的实际需要，对农民工进行专项的技能培训，进行"点对点"式的岗位培训，以政府为桥梁搭建国内外多家知名企业签订用工协议，按订单进行培训；三是分层进行培训，以综合性知识为主要内容进行分层培训，培训主体是农民工中的技术骨干；四是上门服务，根据各行各业的实际情况，以上门服务、上门指导、解决各种疑难问题为主要内容，开展送学到车间、送学到田间地头的方式，重点解决农民工返乡创业的生产生活中的实际问题。

（4）积极对接农民工返乡创业项目，为创业农民工提供项目信息、政策咨询、创业辅导、技术支持等服务，积极开展法律法规和现代经营管理知识培训，提高创业水平。同时，以农民工返乡创业合作社为依托，构建交流平台。一方面是整合农村创业资源，建立农民工返乡创业园区和创业合作社，专门负责农民工创业培训工作，吸收和招募一些长期从事创业教育的专家、学者从事理论指导，聘请创业成功人员开展实践交流，提供农民工所需要的市场信息，当地政府要对农民工返乡创业进行专门的调查，了解农民工创业中的需求和痛点，组织力量有针对性地开展相关知识和技能的培训。另一方面是建立创业活动联络网站，组织交流，帮助返乡创业人员提高创业能力和经营管理水平。

（5）加大对农民工返乡创业的技术支持，一方面，落实创业培训专项行动计划，通过案例、实习、参观、座谈等多种方式，突出对返乡农民工创业技能、经营管理水平和市场营销技能的培训，提高农民工返乡创业的能力和水平，将创业项目招收的新员工纳入"阳光工程"培训范围，按规定给予职业培训补贴和职业技能鉴定补贴。另一方面，要鼓励农民工技术创新。设立农民工返乡创业科技创新基金，激发农民工创新创业的积极性。还要建立专家服务团队，帮助创业农民工与有关专业技术人员建立经常性联系，及时为他们解决生产经营中遇到的困难，实现专业技术服务和农民工创业的有序对接。

参考文献

[1] 肖宏达．乡村振兴背景下农民工返乡创业困境及优化对策研究 [J]. 智慧农业导刊 ,2023,3(21):104-107.

[2] 马浩．乡村振兴战略背景下河南省农民工返乡创业路径研究 [J]. 山西农经 ,2023(20):122-124.

[3] 许琪梅．乡村振兴背景下农民工返乡就业创业研究——基于四川省泸县的调查 [J]. 农村经济与科技 ,2023,34(19):242-244.

[4] 魏国艳．乡村振兴背景下农民工返乡创业意愿及影响因素研究——以镇雄县为例 [J]. 山西农经 ,2023(18):102-104+150.

[5] 蔡晓琳 , 余紫祺．乡村振兴背景下农民工返乡创业路径分析——以粤东潮汕地区为例 [J]. 南方农村 , 2023,39(3):37-42.

[6] 余铭轩 , 许敏兰．乡村振兴背景下农民工返乡创业意愿的影响因素及政策优化——基于湖南省澧县农民工微观数据的实证研究 [J]. 中国集体经济 , 2023(19): 5-8.

[7] 刘赛特 , 陈子云．乡村振兴背景下农民工返乡创业环境优化问题研究 [J]. 经济纵横 , 2023(06): 99-107.

[8] 余冰洁 , 张浩．乡村振兴背景下信阳农民工返乡创业研究 [J]. 南方农机 ,2023, 54 (13): 109-111+130.

[9] 詹高 , 侯俊华 , 秦顺乔．乡村振兴背景下新生代农民工返乡创业生态系统构建及政策研究 [J]. 智慧农业导刊 , 2023, 3 (11): 101-104.

[10] 宋勇．乡村振兴战略下富锦市新生代农民工返乡创业意愿研究 [D]. 东北农业大学 ,2023.

[11] 焦乙皓 .C 县农民工返乡创业问题研究 [D]. 安徽农业大学 ,2023.

[12] 杨天宇. 乡村振兴背景下农民工返乡创业的动力、困境与对策研究 [D]. 江南大学,2023.

[13] 郭宏伟. 马克思劳动力转移理论下河北承德市农民工返乡创业问题研究 [D]. 河北师范大学,2023.

[14] 吴文涛. 乡村振兴背景下绵阳市农民工返乡创业意愿影响因素研究 [D]. 西南科技大学,2023.

[15] 李昂. 乡村振兴背景下松原市农民工返乡创业问题研究 [D]. 吉林农业大学,2022.

[16] 陶帅. 乡村振兴背景下农民工返乡创业困境与对策研究 [D]. 安徽农业大学,2022.

[17] 徐永晶. 乡村振兴战略背景下农民工返乡创业困境及对策研究 [D]. 延边大学,2022.

[18] 卢思晗. 乡村振兴背景下遵义市返乡农民工创业政策优化研究 [D]. 贵州大学,2022.

[19] 程浩. 乡村振兴背景下农民工返乡创业困难及其对策研究 [D]. 河北大学,2022.

[20] 周燕. 乡村振兴背景下创业环境对新生代农民工返乡创业绩效影响的研究 [D]. 阜阳师范大学,2021.

[21] 刘杏愉. 乡村振兴背景下农民工返乡创业模式研究 [D]. 中共广东省委党校,2021.

[22] 马东昆. 乡村振兴战略背景下河南农民工返乡创业问题与对策研究 [D]. 河南科技学院,2020.